不教不成財！

開講啦爸媽千萬別翹課！

財商女守富
商腦金姐姐 一著

從生活中培養孩子的理財智慧

陳雨德（Daniel Chen）
慈心華德福家長會會長

商腦金姐姐是我多年的好友，她不但是我製作Podcast節目的啟蒙老師，在理財教育上更有獨特的見解與豐富經驗。從戲劇或歷史中我們不難發現，長久以來金錢在華人世界裡扮演著極為重要的角色。近年來，台灣隨著ETF的盛行，投資不僅成為全民運動，更透過遊戲化的方式開始影響較低年齡層。

根據二〇二二年國外一份研究調查顯示，七十一點二三%的新世代父母認同孩子應該學習財商、了解理財觀念。但有趣的是，超過三十七點六%

的父母會擔心孩子太早接觸金錢而變得斤斤計較。我認為這份擔憂主要有三個原因：一、父母本身對投資理財不熟悉；二、父母不知該用什麼語言或方式來傳授相關知識；三、不確定孩子在現階段能理解和吸收多少，擔心變成另一種嘮叨。

現今3C產品充斥著各種短影音，使孩子漸漸缺乏耐心聆聽大人的話，反而每天幻想父母是隱藏版世界首富。相較於父母的說教方式，商腦金姐姐透過諸多案例、有趣比喻及易記口訣的方式，將正確的金錢態度和理財知識潛移默化地傳遞給讀者。同時，讀者也能效法這種方式，將理財觀念傳授給自己的孩子。

我是一位華德福教育的家長，這在他人眼中是體制外教育。學校在金錢議題方面，於國小四年級和六年級開始教導商用數學。課程中有個重要的教學活動：老師讓每位學生構思想要販賣的商品，有人製作餅乾、果凍、飲料，也有人販賣自己的畫作或創意小物。在特定的一週裡，四年級學生會帶著自製的貨幣和產品到各班進行交易，到了六年級更擴展至全校。活動中，老師會和同學討論如何計算成本、訂定售價、記帳及安排製造時間等金錢相關議題。課程最後，同學會分享他們觀察到的各種消費行為和使用金錢的感受，這與本書提倡從生活中學習面對金錢的理念不謀而合。

理財教育不僅是「金錢」的教育，更深層的是品格教育與道德教育。對孩子而言，如何在生活中管理開支、未來如何正當累積財富、不被金錢所支配——這些知識的累積，都是我們作為父母需要傳授給孩子的人生智慧。

我很欣慰看到這本書的問世，商腦金姐姐藉由教導孩子理財知識的同時，也讓身為父母的我們重新審視自己與金錢的關係。對孩子來說，金錢關乎他們未來幾十年的發展；對我們而言，則攸關未來幾十年的退休生活。理財教育學習的不只是管理金錢，更是在學習管理我們的生活。誠摯推薦這本親子理財的優質好書。

盡早讓孩子學會如何支配錢

林冠琳（Irene）
JK STUDIO精品餐飲事業共同創辦人／Podcast創業時代主持人

我的公公（以下簡稱張董）是名台商，現已退休。四十年前赴大陸，搭上中國改革開放的風口經商致富。張董天生擁有聰明的生意頭腦，他對孩子們的「財商」教育很有自己的一套！他是怎麼教的呢？

張董共有四名子女，他曾經在他們青少年時期，某次提領一百萬現金，井然有序的排整在桌上，叫來子女讓他們親眼認識鉅款長什麼樣子，並對他們說：「以後，只要你有錢，你買飛機大砲我都不管你！」

另外，張董有個教育方法也很好。一九九〇年代，子女到大陸時，張董會發給孩子們一人一千元人民幣，要他們想辦法在幾天內花完。當時，正值中國製造工業興起的年代，各種消費與物資都便宜得不得了，人民幣一千元根本用不完，不像現在通膨一下就花光了！

如何支配錢，就是張董給孩子們財商教育的基本功。許多家長可能會擔心：「什麼？從小就教孩子花錢敗家？」並不是這個意思。

我先生Jerry（JK STUDIO精品餐飲事業創辦人）身為長子，從小受益於張董的財商教育，後天環境養成了他「生意囡仔」的體質。Jerry從小就喜歡創業，國小時自製抽籤筒，一支五塊抽零食或抽獎品賣給弟弟妹妹；大學時期沒人教他如何經營電商，他自己摸索經營三個帳號，在某某拍賣網，用高低價差策略賣相同商品。

一直到後來我們正式啟動餐飲創業，初步資金怎麼來？周轉金如何籌備運轉？成本與獲利怎麼計算？對於錢的運用，我覺得自小累積的財商教育對Jerry起到非常有幫助的作用。財商教育就是家長送給孩子的第一桶金。但或許不是每個人都想創業，那我再補充一個小細節。你家的孩子懂得如何尊重錢嗎？

以前我們做街邊小生意，有的人錢包打開是亂七八糟的，紙鈔、發票亂折就往錢包裡塞，完全分不清哪張是鈔票、哪張是發票，掏個錢連其他東西都會掉出來。這樣不好的習慣就是不尊重錢的表現，如何期待錢會主動靠近他呢？

所以我們在孩子小的時候，就先教他們如何整理錢包，要懂得尊重錢（當然，電子支付例外）。當孩子認知到錢是工具時，思維和格局自是不同，賺錢是你某些程度付出後隨之而來的成果，財富是人對這世界認知的報酬。盡早讓孩子學會支配錢，未來他們才不容易陷入被錢奴役的黑洞，進而從容成為「錢」一輩子的好朋友。

誠摯感謝商腦金姐姐邀請我寫推薦序。一開始認識商腦金姐姐是在Podcast的創作路上，得到姐姐許多的教授靈感和啟發。如今能夠為孩子的財商早教、為本書推廣盡一份心力，我榮幸之至！

《不教，不成財》這本書很適合親子共讀，我深知若沒有環境的造就，一般學子較難接觸正確的財商。如今我們可以透過作者親身經驗在書中分享財商觀念，祝福大家都能徜徉其中，充值孩子們的財商存摺，共同創富未來。

超「錢」部署！爸媽必修的理財教養課！

豬力安
專業投資人、親子理財教練

各位爸媽，您是否也曾為孩子的金錢觀感到煩惱？看著他們一拿到零用錢就衝去買玩具，或者面對五花八門的誘惑總是難以抗拒，擔心他們未來可能成為「月光族」，卻不知道該從何著手呢？

商腦金姐姐說得好：「家學淵源」遠比「基因優良」更重要！

孩子就像一面鏡子，反映出父母的價值觀與行為模式。想要孩子擁有富裕的人生，爸媽的身教比任何一筆投資都更重要！與其寄望孩子青出於藍，不如先以身作則，成為孩子的理財好榜樣，才能幫助他們建立理財好習慣。

談到理財教育，我深信商腦金姐姐的理念：身教的力量無可替代，並且越早開始越好。

多年來，我致力於推廣「金雞計畫」，鼓勵家長帶頭實踐，陪伴孩子一起養「金雞母」。透過這種方式，孩子能在日常生活中耳濡目染，逐漸養成儲蓄與長期投資的好習慣。只要持之以恆，藉由複利的力量，每個孩子都有機會贏在退休的終點。我相信，只要家長願意花心思陪伴孩子一起學習理財，就能為他們開啟財富自由的大門！

商腦金姐姐以她幽默風趣的筆調，將複雜的理財知識拆解得淺顯易懂，讓每一位爸媽都能輕鬆上手，成為孩子最值得信賴的理財導師！

她還分享了許多實用的理財「招式」，從記帳、管理零用錢到設定理財目標，幫助我們循序漸進地引導孩子建立正確的金錢觀念。

別翹課，立刻翻開這本書，為孩子的財商加值吧！

目次

推薦序

前言

第一章

揭開財富面紗：帶領孩子走進「錢的世界」

第二章

記帳入門：培育孩子成為金錢柯南 051

第三章

第四章

財富畫布：和孩子一起描繪未來藍圖 101

第五章

第七章

第八章

第九章 投資要智慧：陪孩子播下金錢種子 213

結語

前言

「家學淵源」比「基因優良」更加重要

你的孩子在看著你。如果他們看到你設定目標、儲蓄並支付現金，他們也會想效仿！

——瑞秋・克魯茲（Rachael Cruze，紐約時報暢銷作家）

案例一

「阿力，怎麼又睡覺了？」課堂上，學生阿力又打起瞌睡了。這不是第一次，我每次糾正他，他就一臉抱歉的揉揉眼睛，勉力睜開惺忪的雙眼。但沒多久，眼皮子又沉重的下垂了。我終於忍不住，等同學離開後請他留下，好了解情況。「老師，對不起，我以後會盡量不打瞌睡。」他承諾的說。「你是睡眠有狀況嗎？要好好調整作息，不要該睡覺還玩遊戲熬夜。」我關切他的作息。「不是的，是我晚上還要去打工，常常打烊回家梳洗後就很晚了。」我進一步接觸後才了解，原來他的父母只從事辛苦的體力活，完全沒有任何投資與理財的觀念，經濟拮据下，阿力不得不工作分擔家用與學費。

阿力這樣的學生不在少數。對一般家庭來說，物價通膨、學費、租房等費用，佔了開支的絕大部分。阿力算是懂事的孩子了，若是不體恤父母辛勞的孩子，或是不忍心子女分擔家計的父母，那爸媽的經濟壓力可想而知，孩子也連帶受到影響。工作飯碗經常不保，派遣與兼差性質工作越來越多，財務的窘境與隱憂揮之不去。

但越是辛苦，越要理財，不僅為了自己，也為了孩子。就如同下個案例。

案例二

有句台語說：「生意囝歹生。」意思是說，要生養出一個懂得做生意、賺錢靈活的孩子，是很不容易的。似乎賺錢的生意仔具有天生的ＤＮＡ。

阿盧是我的小學好友。不僅和先生經營公司生意興隆，一對孩子的表現也非常出色。她投資股票的金額龐大，每年都有可觀的股息股利收入。但是她不是含著金湯匙出生的富二代，父親是幼稚園開娃娃車的司機，薪水微薄卻養活五個孩子長大，非常不容易。主要是父親很早就開始投資股票，從薪資中擠出一點資金，就投入股市長期持有。數十年積攢下來，累積的豐厚獲利可想而知，人生也苦盡甘來。阿盧就是在耳濡目染下，極早就開始一點一滴投資，所以讓她很早就財富自由了。她的哥哥本來從事辛苦奔波的快遞工作，同樣在家風薰陶下，五十歲就存夠股票提早退休，因為每個月股利就有數萬元了。

仔細想想阿盧的案例，不僅父母本身有足夠的退休金，也不必造成孩子的負擔，對於阿盧這樣上有老下有小的三明治世代，可減輕多少的養育壓力呢！

兩則故事啟發的是，致富不是只期望商業基因，更多是來自「家學淵源」。前者是孩子的天生造化，而後者則是來自父母的觀念與作為。我深信，致富路上，父母給予的教育比子女本身的天賦更關鍵。只要家長能有好的理財觀，並趁早耕耘，就可及早收割，迎接可期的財務成果。

阿力和阿盧的生活對比，說到底，是父母的觀念與作為形成的反差。將孩子教養成財富自由的「富一代」，是每位爸媽的天賦使命。我堅信的是：不教，不成財！或許，你會問：理財哪有這麼容易？自己都常常投資股票基金不力了，怎麼教孩子呢？

這類問題可以用美國投資家、有成長投資策略之父稱號的菲力浦・費舍（Philip Fisher）的話來回答，他說：「股票投資，難免有些地方需要靠運氣，但長期而言，好運、楣運會相抵，想要持續成功，必須靠技能和運用良好的原則。」他說透的道理是，任何投資，不限於股票，都不是純靠運氣，任何的理財都需要技能和良好原則，也就是財務知識與情商。而優秀的理財知識與情商，是可以教育出來的。

美國國父、開國元勳班傑明‧富蘭克林（Benjamin Franklin）有句廣被引用的名言：「投資知識，收益最佳。」這句話不妨再聚焦一下：投資「理財」知識，收益更佳。倘若每個孩子都比擬是前景無限的潛力股，那麼金錢教育的奠定正可以形塑「基本面」的良窳，從而決定其「股價」是否擁有增值的核心關鍵。

股神巴菲特爺爺也這麼說：「對投資人而言，最重要的特質是好脾氣，而不是聰明。」同樣的，聰明或許教不來，但是理財情商卻可以。

所謂生容易，活著也容易，但生活可就不容易了。因為各方面的日常開支，無一不和金錢有關。當工作已不再長期保障、當育兒已成為千「金」重擔，唯有成功的理財才能卸下心頭重擔。任何事都像扣鈕扣，如果第一顆扣錯了，後面就全錯了。書中分享對親子理財教育的長期心得，期盼能是理財起步觀念正確扣上的第一顆鈕扣，從而為孩子依序帶來財富成果。誠摯敬邀您的駐足翻閱！

第一章

揭開財富面紗：帶領孩子走進「錢的世界」

永遠不嫌早。無論是教孩子金錢的價值、需求與欲望的區別，還是儲蓄的價值——這些都是孩子在很小的年紀就會遇到的概念，所以最好幫助他們理解這些概念。

——華倫・巴菲特（專業投資家，有股神美譽）

不是金錢惹的錯

不少父母常認為：金錢教育會讓孩子有了功利心，喜歡攀比，甚至用錢不當適得其反，誤了學習與成長。但是，這些觀念真的該拋棄了喔！

會產生這些問題，重點並不是金錢，而是教育的內容與方式。如果父母正確引領孩子走進「錢的世界」，絕對有益於提早讓孩子學習到更好的財務知識與技能，贏得人際關係，甚至體悟生活哲理。所以，提到兒童的金錢教育，必須要先拋開幾點常見的迷思：

迷思一：太早接觸理財不是好事。

有些父母認為，孩子只要專心讀書，理財是長大後的事。家長甚至誤以為，孩子進入社會賺錢後，自然就會懂得理財。但事實並非如此。理財知識越早接觸越好，否則等他們開始賺錢時，可能因收入不足或不懂管理而更加困擾。

被譽為股神的巴菲特，從五歲就對數字產生興趣，六歲開始賣可樂賺錢，十一歲就存下一百二十美元，與姊姊合夥購入人生第一檔股票。至今已九十四歲，巴菲特長達八十餘年的理財人生，正是從童年開始。

孩子多大才應該接觸財務教育呢？

公認世界上最聰明、且最會賺錢的猶太民族是從孩子三歲就教導理財。透過與孩子的交流和實際的生活教育，猶太父母從孩童時即扎根理財意識，教導他們如何選擇明智的金融決策，以及如何面對金錢的挑戰。幾歲開始理財教育，有國情或是家庭情況的不同，但金錢教育是兒童的必修課已是普世的觀念。

不僅古老的猶太民族重視孩子的金錢理財，我們也看一下世界其他民族的作法，比如：北歐的某些學校會使用模擬城市或是經濟類的軟體遊戲，讓孩子學習在其中擔任「市民」，並需要工作賺取「貨幣」來支付稅款和生活費用；澳洲的某些學校推出了針對兒童的理財課程。有統計指出，澳洲有高達三分之二的小學會邀請學生參與銀行主導的理財計劃，從初階的貨幣知識到理財規劃等涉及非常廣泛；許多美國家庭實行「三罐分類」用途罐，即儲蓄罐、消費罐和慈善罐。孩子每次獲得零用錢後，需按照比例將錢放入三個罐子，教導他們金錢的不同用途；華人的家庭也不遑多讓，家長會將春節的壓歲錢作為理財教育工具，討論如何分配壓歲錢的用途。許多國家的銀行也設立「兒童理財銀行賬戶」制度。

綜觀來說，無論猶太人或是北歐、美國、乃至華人家庭都體認理財教育對孩子的重要性。無庸置疑，父母扮演的是孩子生命中第一個財務啟蒙的重要角色，無論是自己教育，或是借助外部資源施教。

迷思二：理財是靠智商，只要書讀得好，或是腦筋夠聰明，就不必替孩子日後的理財擔心。

這絕對是NG錯誤的觀念。有太多高知識學歷的人士，依然拮据度日。常常是，明明絕頂聰明，但不善理財，再聰明也賺不到錢，甚至反被聰明所誤，困窘一生。理財不是靠智商，那是靠什麼呢？

答案是財商。

財商，是要經過教育的，是要經過市場磨練，更是要經過不斷試錯的一次次過程，才能漸趨完善，找到屬於自己、合乎自己心理與行為模式的理財方式與習慣。

迷思三：我的孩子不是商人的料，他就是讀書的料，所以只要好好讀書，以後當個知識分子，就算當個教書匠，或是認真平凡的上班族，安穩過一生就好。

這觀念對了一半，但是不是這塊料，可不是爸媽說了算喔。社會當然需要認真上班、勤勤懇懇工作的各行各業人士，也需要如教師，或各種專業人才。但是，任何的個人，無論從事任何的職業，都同樣需要理財。因為金錢就像是陽光、空氣、和水，是現代人迴避不了的課題。

因為這個世界，

“是以越來越落伍的知識技能，去面對越來越不可掌握的陌生未來啊！”

你永遠不知道不久的將來，什麼將迅速被淘汰？很可能，莫名其妙地就被裁員了，飯碗丟了。而且怎麼發生的，都搞不清楚。

爸媽應該同意：無論孩子規畫什麼樣的未來人生，想從事什麼樣的工作。都永遠離不開金錢的問題。更千萬別認為他不是商人的料，不是賺錢的「咖」，孩子的理財潛力不是這麼早就容易看穿的；也別誤解理財與賺錢，不是孩子的「本性」。有句話說「生意人是天生的」，似乎意味著某些人才具有賺錢的天賦。其實不然，財商是每個人都可以具備的。

我的經驗是：每個人都有管理財務的「本性」，當然也需要後天積極進修鑽研的「習性」，肯積極學習，一定可以為自己的財商加分。這是孩子的天賦權利，也是父母的天生義務，必須賦能孩子。

迷思四：孩子以後只要不欠債就好了。

不少父母對孩子的「財務與人生」不做安排，沒有設定，放任自然，總是保守消極地認為孩子一生能夠平安健康成長生活，不要欠債誤了自己就很好了。

這觀念只是基本的正確，但是不小心或是運氣不好，很可能連不欠債都做不到。畢竟通膨時代，薪資趕不上物價，追不起房價，就算用盡青春貸款買了房，仍舊是處在長期負債狀況。不欠債的目標，看似低標準，其實很可能一個不慎就成高標準了。人生往往是意外情況下讓債務找上了自己。所以，越早教會子女理財，從長計議人生與金錢的關係，才是父母送給孩子健康成長、一生無虞的最佳禮物。

迷思五：愈早接觸金錢，孩子可能越容易犯錯。乾脆等長大成熟了，再接觸金錢，更為安全。

不！這是不對的。孩子早些接觸金錢，就算犯了錯，比如將零用錢用在不當的地方，反而是好事。因為早些失敗，早些犯錯，就早些成長。尤其是在父母眼皮底下犯錯，孩子畢竟還小，損害總是可控的，也可以親子一起檢討，反而有增近親子關係的附加價值。

試想，倘若等未經理財教育的孩子長大了才犯錯，反而常常犯的是天大的且難以彌補的錯誤，損失鉅額的財富。而父母也往往事前不知情，等知道了，也為時已晚。

以上的幾種迷思往往限縮了孩子的潛能開發，對孩子有害無益，殊為可惜。

學股神：培養數字的敏銳度

當然還有的父母雖有心施教，但有所擔心。曾有父母這麼對我說過：

孩子的數學很不好，加減乘除的反應都慢，還怎麼教孩子理財呢？還是算了吧！

嗯，可以對數學不感興趣，但不可以對數字冷感。

股神巴菲特從五歲開始就對數字感興趣。興趣盎然，未必是天生，而是可以從小就培育啟蒙孩子。父母不妨這麼做，無論孩子喜歡什麼領域，都盡量設法與數字連結，以培養他們對數字的敏感度。這對於理財教育有很好啟迪效應。舉個例來說：

我有位同事何老師，他的孩子從小喜歡看動漫卡通。何老師便利用卡通啟發孩子的數字興趣。他的方法是，在觀看卡通時與孩子玩數字計數遊戲，比如要求孩子計算出場角色數量或某場景中出現的物品數目，藉由孩子的專注力學習數字及其內涵。這種對數字的敏銳度有助於理財意識的培養，讓孩子更容易理解收入、支出、儲蓄、投資和利息等財務變動意義。如今，何老師的孩子已長大並在投資理財上表現出色，孩子說這歸功父母在小學時期奠下的理財基礎。

孩好，爸媽這樣做！

匯率與旅行

蘿拉是一位很懂得教育孩子理財的媽媽。例如，在規劃寒暑假旅遊時，她除了增廣見聞、收集親子美好回憶為目的外，還特別注重讓小學的孩子學習匯率概念。蘿拉告訴孩子，當某國的匯率越低，代表新台幣越值錢，出國時消費力就更高，可以買更多東西。因此，她會在出國前一段時間，挑選幾個國家的匯率，帶著孩子一起觀察變化，最後選擇匯率最低的國家作為旅遊目的地。例如，某次他們觀察到以下匯率：

在設定的觀察期內，孩子發現土耳其里拉的匯率下跌最多，代

日圓	1新台幣＝4.7日圓
美元	1新台幣＝0.03美元
韓圜	1新台幣＝42韓圜
土耳其里拉	1新台幣＝0.99土耳其里拉
泰銖	1新台幣＝1.14泰銖

表旅遊期間用較少的新台幣就能換到更多的土耳其里拉，因此土耳其成為這次的旅遊目的地。

薾拉的方法創意十足，以「人往『低匯率』遊」教育方式，不僅幫助孩子理解貨幣價值，還培養了國際觀和理財意識，堪稱一舉多得。

千萬可別「三不管」

金錢的神秘面紗，需要父母親手為孩子掀開，而非僅僅負責「管吃、管住、管錢」。

前兩者是父母養育孩子的基本職責，後者則是許多父母認為未成年的孩子不該過早接觸金錢。因此，當孩子獲得獎學金或紅包時，要麼全數存起來，要麼因缺乏指導而放任不管。然而，這種方式往往導致所謂的「三不管」問題：不管帳、不管花、不管事。這樣的輕忽可能讓孩子養成錯誤的價值觀，花錢不當、帳目不清，未被揭開的金錢面紗，反而遮蔽了其背後正向而美好的可能性。

首先，「不管帳」意味著孩子對金錢的來龍去脈一無所知，缺乏對帳戶、收入與支出的了解，無法建立起基本的金錢管理概念。這可能讓他們在未來面臨財務失控的風險，例如無法有效掌控支出或過度負債。

其次，「不管花」表現為對於開支花費的盲目放任。當孩子未經教育地擁有金錢時，他們可能缺乏對於購物和消費的理性判斷。這種無節制的花費行為可能導致奢侈浪費，而非根據價值和需求做出明智的消費決策。

最後，「不管事」意味著缺乏對財務的負責任態度。孩子可能不知道如何處理金錢事務，例如支付帳單、制定預算或處理不同的消費情境。這種無知可能導致未來面對生活挑戰時，缺乏應對的技能和信心，延緩了他們獨立自主的生活能力。

必須提醒，三不管的現象是對理財教育的失職輕忽，很可能培養出對金錢漠不關心、不負責任的心態。相對地，父母應該重視理財教育，使孩子能夠建立起健康的金錢觀念和良好的財務管理技能，以應對未來的生活挑戰。至於該怎麼做呢？SMILE法則是值得參考的方向：

■Study（研讀）

幫助孩子尋找學習機會和資源，例如書籍、網路資源和課程，拓展他們的理財知識。父母應以身作則，協助孩子建立正確的理財與價值觀，讓孩子從小浸潤在健康的理財環境中，並有觀摩與學習的榜樣。

■Management（管理）

理財教育的核心在於金錢、行為與自律的管理。教導孩子合理安排支出，避免不必要的浪費，養成良好的消費習慣與金錢管理能力，至關重要。尤其提醒孩子必須做好管理，否則失控的財務都可能造成生活災難。

■Ideal（理想）

引導孩子以理性、適當的態度面對金錢，學習理財知識與技能，並善用各種理財工具實現目標。在日常生活中通過實踐，逐步累積成果，促進自我成長。

■Long-term（長期）

理財教育是一場需要耐心與堅持的長期旅程。父母應避免貪快求成，對欠缺耐心的孩子更需悉心陪伴，幫助他們在財務知識、技能與財商方面穩步成長。此外，傾聽（Listen）孩子的意見至關重要，不僅能發現問題並有效引導，還能鼓勵孩子學會吸收不同觀點，逐步形塑更好的自己。

■Efficient（效率）

教育必須檢驗成效，否則失去意義。父母應設定具體的教育目標，若未達成，需及時檢討與調整。針對孩子的特性，制定個性化的檢測標準，以評估教育成效並不斷優化改進。

這五個單字的字首恰巧結合成SMILE。而這正是期許父母應以微笑、歡快、樂觀的心情教育引領孩子，賦予他們充滿智慧與豐富的理財內涵，為其人生奠定富足的財務基礎，過程中親子關係也會因此更見融洽了。

篇末叮嚀：扮演孩子的「破風手」

自行車競賽有一種車手，任務就是擔任破風手，目的是為了減少風阻，幫助其他騎士在後方更有效率地騎行，以增加整個車隊的速度和效能。這位騎士通常會處於前方，直接面對風，使得風阻對後方的騎士產生較小的影響，讓他們可以更省力地跟隨，保持速度並取得優勢。爸媽對子女的金錢教育也是擔綱同樣的工作，以正確心態、勇敢領銜，演出破風手，就能減低前方金融風暴的阻力，擘開孩子理財前程的康莊大道。

第二章

記帳入門：培育孩子成為金錢柯南

預算是告訴你的錢去了哪裡，而不是讓你懷疑它去了哪裡。

——戴夫・藍西（Dave Ramsey，美國暢銷作家、理財專家）

富豪的發跡法

如果理財是場海上之旅，那麼，記帳就如同記錄潮汐一樣的重要。尤其記帳是很多名人回顧理財成功時的答案，比如洛克斐勒家族。

第一代的約翰・戴維森・洛克菲勒（John Davison Rockefeller）是美國史上首位億萬富豪，他從五歲左右就懂得記下每筆開支，這一做法在洛克菲勒家族實行了六代，記帳簿成為了傳奇家族的理財教育成功的根基。

記帳不僅是一種實際行動，更是培養理財觀念的關鍵方法。目的是讓孩子清楚了解每一筆收入的數字與每一筆開支的流向，從小養成記帳習慣，透過帳目看清財務真相。就如柯南的名言：真相只有一個。帳目記載的真實，不容錯漏。

有句話說得好：

“好記憶不如爛筆頭”。

再好的記憶力都有疏漏的時候，不如用筆記錄下來。這不僅有助於建立儲蓄計劃，也能審視支出的合理性和效益。洛克斐勒家族以卓越的財富管理聞名，正是因為他們重視記帳的價值，成功打破了「富不過三代」的魔咒。

記帳的六個維度

漫畫裡有所謂的「六邊形戰士」，指的是從六個維度，包括力量、速度、技巧、發球、防守、經驗，來綜合分析比賽選手的競爭強度。同樣地，透過記帳也能培養六個優點，藉以提升理財能力。這六個維度就如鑽石切面，面面都發光、相互輝映，只要孩子持之以恆，就有機會成為全能的六邊形理財小戰士，建立一生穩健的經濟基礎。

強化理財戰力的記帳六個維度包括：

追蹤能力

長期監控財務狀況，優化理財策略並檢討改進。

開源能力

記錄收入來源，幫助發現增加收入的可能性。

節流能力

掌握支出細節，避免不必要的浪費。

預算能力

分配每月資金，提升資金運用效率。就如文前戴夫・藍西的名言。

應急能力

識別風險預備金缺口，增強抗風險能力。

自律能力

養成良好的理財習慣，促進持續財務健康。

透過記帳，可以有效敦促孩子追蹤每筆花費，理解開支是否划算，並進一步制定明確的理財目標。這是培養「財務紀律」和達成「長期財務目標」的重要起步。「理財的旅程始於記帳」，因為簡單卻強大的習慣有助於建立穩健的理財觀念，正如洛克斐勒家族等成功人士所深信的一樣。

爸媽可能會說，現在的孩子要靜下來並持之以恆的記帳，實在太不容易了。這年頭還拿支筆記帳，孩子肯定嫌落伍的。那怎麼辦呢？記帳並不落伍，尤其能跟上時代的話，還會發現更多的好處。

善用科技利器

時代在進步，結合當前科技已是理財的普遍現象，如理財機器等。同樣地，父母應該利用以作為子女金理財教育的利器。

羅伯特是我親戚，從小在美國長大。他告訴我，在美國，兒童和青少年金融卡通常由金融機構或相關公司提供，旨在幫助父母教育孩子理財的同時保持一定的財務控制。這些金融卡不乏與手機應用程式（APP）結合的作法，提供一系列功能以支持父母的理財教育。其功能包括：

消費監控

父母可透過APP查看孩子的每筆交易記錄，包括金額、日期和地點，方便了解孩子的花費方式與頻率。

預算設定

APP允許設置消費上限和提款限制，爸媽可藉此幫助孩子養成節制用錢習慣，並避免超支。

零用錢管理

APP允許父母定期為孩子充值零用錢，並可規劃發放時程（如每週或每月一次），讓孩子學習計劃性使用資金，體會延遲滿足的價值。

目標設定

部分APP支持孩子設定儲蓄目標，並透過追蹤存款進度，培養其儲蓄意識和目標實現能力。

寓教於樂

某些ＡＰＰ提供理財知識與經濟基礎原則的學習資源，包含趣味問答，幫助孩子更好地理解金融概念。

即時通知

父母可接收孩子消費的即時通知，便於及時察知和指導。

這些強大功能不僅有助記帳，豐富了理財內涵，更有助於父母在教育孩子的同時，保持一定程度的財務控制。尤其可以善用功能提升孩子的財經知識，並可設立獎勵目標，提升他們對理財的興趣。簡單的說，它們提供了實際的教學工具，使孩子能夠學習如何管理金錢，制定預算，設定目標並培養負責任的財務習慣。

若專就記帳功能來說，也有相關的ＡＰＰ或者記帳軟體。不妨這麼利用：

一、先選擇適合的App或軟體

挑選適合孩子的理財ＡＰＰ，有些設計精美的理財ＡＰＰ，介面活潑有趣，充滿卡通童趣，能吸引孩子的參與力。甚至提供簡單易懂的圖表，讓孩子能夠輕鬆地記錄零用錢的收支情況。

二、以生活情境為記帳基礎

每當孩子在購物時，可以利用ＡＰＰ立即記錄花費。例如，當孩子在超市購物時，使用手機打開ＡＰＰ，輸入購買的物品和金額，觀察即時的支出圖表。這樣，孩子能夠對於錢的流動更有感覺，真切體驗花費的實際感受。

三、設立目標與獎勵體系

在ＡＰＰ中，可設立一個小目標，例如一個月儲存一定金額。當孩子達成目標時，給予獎勵，例如給予額外的零用錢、或者一次特殊的活動。這樣的獎勵機制有助於激勵孩子更有管理零用錢的熱情。

四、定期檢討與討論

每週或每月，與孩子一同坐下檢討ＡＰＰ上的記錄，討論花費是否合理、有無省錢的空間。定期的討論不僅能夠引導孩子思考理財，還能促進親子之間的交流，共同找出更好的理財方針。

五、訓練自主記帳能力

初期，由家長引導孩子使用ＡＰＰ進行記帳，漸漸轉為讓孩子自主記錄。例如，家長可以在購物前提醒孩子先檢查ＡＰＰ，購物後讓孩子學著輸入資料。此過程有助於培養孩子的參與感與啟動自主學習能力。

透過以上五點建議，孩子在使用ＡＰＰ或記帳軟體的過程中，不僅能夠有效學習理財知識，最重要是保持興趣，培養持之以恆的記帳習慣，堪稱一舉多得。但對我而言，記帳還有另外的深意。

記帳「學爸」

國中畢業時，我考進基隆女中，但為了提早幫助家裡經濟，我選讀了商科。父親告訴過我一個親身小故事，叮嚀我一定要謹記在心。

在戰亂中成長的父親教育程度雖然不高，絕非學霸，但是勤奮好學，且聰明周延，常被委以重任，倒令我成了「學爸」！

長年在軍中任職的父親除擔任車輛調度官之外，一度還兼管財務。當時父親有位長官可能生性海派，經常呼朋引伴聚餐小酌，每每都囑咐父親以「公費」報銷。長官的命令搞得父親好生為難。果然一段時間後，風紀查察到了父親所屬單位，父親又擔綱管理帳務人員，就成了受調查對象。

軍中的調查非常嚴格，若有帳目不清，不僅考績受影響，甚至可能移送軍法。但調查人員上門時，父親知道這一天終於來了。一陣簡單交流之後，父親即打開抽屜，拿出一疊單據，提供給調查人員。原來，父親將長官每回飲酒聚餐的單據都私下影印，筆筆記帳，分毫不差。更告知長官，要請款可以，請簽字，他好作帳。

長官不疑有他，以為只要公費銷帳，不必自掏腰包即可，也都配合簽字。這些影印單據就成了證據，意味著是該位長官同意的支出項目。若需解釋開銷原由，概由長官負責，與父親全然無關。

是的，父親因這一記帳舉動，逃過了人生風暴，否則他不可能挨到退伍，領取退休金終養天年。

父親藉這個故事告知讀商科的我，記帳不僅是了解生活開支的軌跡圖，也可能是安全的「保險單」。父親影響了我的理財人生，爾後我的重要支出、投資進出，均不厭其煩地記錄下來，以作為檢討的依據。

父親說：「當你開始寫下第一筆支出時，就是書寫財務的歷史，也是在跟未來的自己對話。」隨著日後自己的投資，我更珍惜日積月累的記錄，它不只是數字的堆疊，而是一種省思的軌跡、一道道理財智慧的練習題。

更重要的分享是，記帳，也讓我學會了「延遲滿足」的力量。看到帳本上那筆計劃性儲蓄穩穩地每月寫下，我心中也有了一種穩定的安全感。父親教的不只是如何記帳，而是如何透過記帳，過一種有意識、自在掌控的無虞生活。

帳與錢要分開

清楚記帳是理財成功非常關鍵的起步，還有一點非注意不可的是：錢與帳要分開。

我的一位同學有事業夢，他盡力說服了大學同班女同學兩人一起創業。他自己負責開發業務，而將財務交給女同學。因為他認為女性細心，擅於記帳。既然女同學管理財務，所以存摺也一併托交給她。但完全沒想到，這位女同學虧空公款，中飽私囊，還搞失蹤並留下大筆債務。最後身為負責人的他被行政法院追繳大筆欠稅金額，因此背債多年。

這段慘痛經歷帶給他的啟示，不僅僅是警惕人心險惡或財務損失慘重。堅持不放棄創業的他，深刻反思後領悟到最重要的一堂課是：**錢和帳必須分開管理**。作為出資者，他必須掌控資金，而記帳工作則應交由專業人士處理。

管錢和管帳的負責人能夠分開最好。確實如此，這是理財教育核心的一堂課。一方面避免如我朋友經歷過的弊害，再者可以訓練孩子的兩種能力、兩種責任感。對理財教育來說，具有下列優點：

一、風險分散：不同人負責不同方面，降低損失風險。

二、專業性：各人擅長不同，可提高效率和專業性。

三、培養多元技能：兩種領域都須學習不同技能。

四、教育孩子責任感：培養金錢運用和財務管理的責任感。

五、互相監督：確保成員履行責任，減少疏漏。

如果有兩個孩子，正好可以輪流擔任管錢和管帳的工作。如此分工可以讓各人專注於擅長的領域，增進更專精的理財學習。同時，培養了不同技能，也培育了孩子專責性與專注性。

我再強調，透過這樣的分工合作，孩子們不僅學會了如何處理金錢，更在互動與責任中建立了默契。例如，管錢的孩子學會做出支出決策時需與管帳者溝通討論，而非任性行事；而管帳的孩子則需養成紀律與細緻的觀察力，留意每一筆花費是否合理、有無疏漏。這樣的互補，不只模擬出家庭財務管理中的協作模式，更讓孩子提早體會到，理財往往不是一個人的事，而是一場需要溝通、信任與共識的合作關係。

尤其，這樣的練習還能讓孩子從錯誤中學習，並懂得為自己的選擇負責。譬如，如果管錢者臨時買了某個非必要的商品，管帳者會提醒預算已被壓縮，甚至會要求寫下購買動機與檢討。這不僅訓練孩子的財務思辨能力，也塑造了彼此之間的誠實與責任感。最終，他們會明白，理財並不只是數字遊戲，更是一種生活態度，一種彼此協作、共同成長的方式。

孩好，爸媽這樣做！專款專用好重要

記帳教育中有一觀念至關重要，那就是「專款專用」。這指的是將金錢依特定目的或需求劃分為不同的資金池，確保資金用途清晰且不混淆，而記帳則是實現這一目標的重要方式，能有效追蹤和管理每筆資金是否用在預定計劃上。

若能力行專款專用，當臨時需要某項支出時，就不致擔憂其他項目受到排擠而心生慌亂。

父母可以用生動的比喻讓孩子容易理解觀念，比如不妨這樣告訴他們，**「每一塊錢都有它的任務喔！」**它們都是一位肩負演出任務的樂隊團員！我們可以將錢分存三個撲滿，上面各自張貼著不同任務的樂團組別：

主旋律組：負責演奏時的主體，即用於投資長期學習的費用。

即興組：負責靈活應變的小插曲，即用於零花或偶爾的臨時需求。

和聲組：為音樂添加層次和深度，增強主旋律。如負責為生活增添色彩，即用於孩子的休閒娛樂與放鬆時光。

讓孩子知道，雖然管弦樂團一人一把號，各吹各的調，但最終還是要齊奏，協調分配，才能演奏出和諧的樂章。理財生活亦復如此，必須「和諧共奏，缺一不可」。因此，給每個撲滿分配一個明確的目標，孩子不僅能理解金錢的用途，更能學會規劃和分配。用貼近生活的說法來教育孩子，他們更能理解金錢應該像音樂一樣的和諧應用。好的比喻不僅有趣，也能在潛移默化中培養他們的理財觀念。

至於實務施教上，可遵循以下專款專用的七個步驟：

一、確定專款類別：與孩子討論並設立娛樂、教育、儲蓄等專款類別。

二、設立專款金額：根據需求與家庭情況，設定孩子所需的各類專款金額，例如娛樂一百元、教育二百元等。

三、建立儲存工具：使用專款撲滿或帳戶，將金額分別存入對應的儲蓄罐或帳戶中。

四、記錄使用情況：孩子記錄專款的使用金額、日期和用途，學習追蹤管理開支。

五、培養預算能力：帶領孩子規劃每個專款用途，理解金錢的價值與重要性。

六、鼓勵儲蓄：引導孩子將部分多出來的專款存入儲蓄，以備未來需求或目標。

七、責任與獎勵：透過家務或學業表現，獎勵額外專款，激發責任感與參與熱情。

一個重要提醒是，任何教育都須驗收成果，所以應該要定期評估，例如每個月回顧專款使用情況，適時調整金額或類別。

篇末叮嚀：「帳」即是「目」

中文很有意思，「帳」「目」，就是將帳比喻是眼睛，眼睛看物清楚，眼前就一片清晰。同理，帳目若是清楚，財況就無所隱藏、一目瞭然。所以，記帳是金錢的透視鏡。每筆記帳猶如航海時觀測潮汐，是財務管理的指標，它揭示金錢流向的潮流變化。

通過記帳，我們能像記錄潮汐週期般清晰追蹤金錢的動向，識別並建立自己的開支模式，循此建立良好的理財慣性，就如瞭解潮汐能助力規劃航線一樣。不僅如此，記帳更協助我們設定清晰財務目標，規劃未來，並靈活應對生活中的財務變化與意外挑戰，從而使財務航行更加穩健與從容。

第三章

零用錢法則：塑造孩子成為金錢小理專

賺錢需要勇氣，保持財富需要謹慎，而善於花錢則是一門藝術。

——貝托爾德．奧爾巴赫（Berthold Auerbach，德國作家）

零用錢的派發原則

如果理財之旅如同海上尋寶，零用錢便是掌控方向的舵。教導孩子善用零用錢，就像學會在大海中掌舵，可靈活應對風浪，把握正確方向。妥善使用零用錢能幫助孩子避開浪費的暗礁，順利駛向理財智慧之港。所以零用錢是培育孩子成為金錢的「小理專」的好工具。

那麼，父母應該如何給予零用錢？孩子又該如何使用？這可不是簡單的學問。現代父母多半會提供孩子零用錢以因應需求，但給多給少都需謹慎拿捏。首先建議，父母不妨先建立「零用錢的四項派發原則」。

一、送者賤，求者貴

這句話應用在零用錢的派發上，可解釋為：輕易給予的錢，孩子往往不會珍惜；相反，若是孩子主動要求的錢，則會顯得更有價值。這句話揭示了教育孩子金錢觀的重要原則，即父母應掌握主導權，而非隨意派發零用錢。

父母應主動設定合理的零用錢額度。額度是根據經濟能力和孩子的需求，審慎評估後的結果，無論金額多少，都是有其用意。切忌只是被動因應孩子的需索而給予金錢，這樣不僅削弱了零用錢的教育價值，還可能助長孩子揮霍惡習，失去培養正確金錢觀的機會。

二、分期核實支付

分期支付的目的是避免孩子先用、濫用。

派發零用錢時，宜盡量避免一次性支付整月的零用金或特殊消費金，因為分階段支付能觀察孩子的消費行為，了解是否合理使用。父母應規劃這類支付原則，以便檢視孩子的金錢觀念和理財教育成效。

三、做好事而非做家事

不少父母會以零用錢來鼓勵孩子做家事。這是我認為應多加考慮的。因為做家事是家庭一份子的應有「本分」，不是需要獎勵的「美德」。最好的獎勵應該是當他們做了好事，諸如公益等而適時給予鼓勵，比如可訂立日行一善或是週行一善的獎勵規則。讓他們既能貢獻，也有回饋自己的動機。

四、連結學習用途

給予孩子零用錢會基於不同原因，可能是日常的零用，或是買禮物餽贈同學。但父母仍應勉勵孩子零用金的使用是以教育與學習為主。畢竟成長期的孩子，學習是主要的本分與本業，若能將零用金用於此途，會讓他們更能連結金錢與學習的關係性，這是孩子善用金錢的主要訴求。

千萬不能忽略，父母應該保持對孩子零用錢的監督，並提供必要的指導。定期與孩子討論他們的花費，鼓勵他們思考花錢的價值和影響，以及是否符合原定的支付原則。同時，一定要設立配套的賞罰制度。

這套機制，是當孩子成功達成儲蓄目標或理性花費時，給予額外的獎勵。但若孩子有不當行為時，可減少或停止零用錢的發放，促其體悟錯誤行為的後果。謹記，好的教育常是賞罰並重。

我要提醒的是，父母也應該根據孩子的年齡和理解能力，逐步引導他們學會預算規劃。例如，每週的零用錢可以分為「儲蓄」、「消費」和「捐獻」三個部分，讓孩子學會金錢不僅用來滿足個人欲望，更能為未來儲備，甚至幫助他人。

尤其值得加以配套的是，父母不妨設計一些簡單的理財任務，例如請孩子記帳一週後共同檢討，或鼓勵他們設定短期購物目標，自行比較價格、做出選擇。這些經驗不僅能提升孩子的計劃能力，更讓他們在實際情境中學習金錢的有限性與價值。

只要孩子在過程中表現出成熟與自律，例如願意放棄立即享樂、選擇延後消費來達成更大的目標時，父母應即時肯定與鼓勵。這種正向回饋能強化孩子的自我管理能力，讓金錢教育內化為日常品格的一部分。

零用錢不僅是金錢的給予，更是一種教育的契機。父母唯有持續參與、適度放手，孩子才能在金錢的世界裡，學會選擇、承擔與成長。

孩好，爸媽這樣做！

零用錢派發守則

零用錢派發年齡，建議從小學中年級開始。

因為在教育上，低年級學生的學習以啟蒙為主，家長或老師側重建立基礎和培養興趣；而對中年級以上的學生，更注重引導思考與培養能力。因此，從中年級開始，孩子自主意識萌芽，實施零用錢訓練更為適宜。這是有理論支持的。

根據瑞士心理學家皮亞傑（J. Piaget）的認知發展理論，小學中年級正處於「具體運思期」，此時已能理解數學運算、邏輯推理及因果關係。這是教導基礎財務概念（如存錢、利息、收入與支出管理）

的黃金時期。讓孩子參與簡單理財計畫，不僅幫助理解金錢價值，還能培養規劃能力與目標自信（自我效能感）。因此，別讓中年級孩子錯過學習理財的關鍵期。

至於零用錢的派發金額以及時機，則可考慮以下因素：家庭的財務狀況、孩子的支出需求以及教育目標。以下僅是一個示範表格，需視自身經濟與實際需要調整。

	註解
	父母可以在每週一給予孩子一筆固定的零用錢，讓孩子有足夠時間計劃和管理。
	當孩子取得優秀的學業成績時，父母可以給予額外的零用錢作為獎勵。
	父母可以給予孩子額外的零用錢作為完成家務任務的獎勵。儘管做家事是本分，但父母藉此教育孩子金錢觀念也是機會教育的一環。但金額越小越好，因動機是鼓勵孩子勤工。
	當有特殊的節日或活動時，例如生日，父母可以給予額外的零用錢，以應對相應的支出。
	1.當孩子表現出節省或理財目標達成的行為時，父母可以給予額外的零用錢作為獎勵。 2.可以鼓勵孩子將部分零用錢存入撲滿或銀行帳戶中 3.設立一個「存款相對」計劃，例如每存入一元，父母相對投入一元，以鼓勵儲蓄。

五種主要派發情況	派發金額	派發時機
每週固定派發（以週作為觀察時限，父母可隨時應變）	每週300-500元	每週一
學業成績獎勵	50-200元不等	學期結束或成績公布後
完成家務任務獎勵	20-50元不等	完成家務任務後
特殊節日或活動支出	100-300元不等	特殊節日或活動前
節省或理財目標達成獎勵	10-50元不等	每月結束前

美國作家Spriggy建議：一個常見的簡便法則是每歲給孩子一美元。因此，如果孩子分別是七歲和九歲，他們的零用錢每週分別是七美元和九美元。可參考並換算台幣後酌量增減。零用金係以五天上學日計算，中餐是由家裡準備便當。若需含中餐費用，金額可再調整。超出使用額度的部分，是為了讓孩子有機會學習存錢。

倒扣零用金：逆向思考法

藍藍是我的朋友，她發現孩子對零用錢的使用缺乏正當觀念，總是先用於短暫的娛樂性消費。為了改變孩子的習慣，她採取一種逆向思維的教育方法：設立了「倒扣法零用金制度」。

內容是，孩子最開始有一筆基礎額度，但金額會隨表現變動。表現不佳則扣零用金，若累積負面行為過多，甚至會「超月」扣款，不僅當月零用金歸零，還須從下月額度扣除。她與孩子事先討論扣款項目，以此導正不當行為。

更重要的是，她要求孩子記錄「零用金行為日誌」，月底進行「行為結算」，清楚對應扣款原因。但也不忘加入「目標激勵機制」，鼓勵孩子設立存錢目標，如購買喜愛物品或參加活動。

透過這種方式，孩子在意起自己的表現，因為零用金不足就表示社交和興趣發展受限。孩子由此體驗到行為與經濟狀況的關係。這套逆向零用金教育法，不僅教會責任感，也培養了孩子的自我管理與金錢管理能力。

零用錢的四堂課

零用錢教育堪稱教育孩子的理財方向盤。

零用錢並不是單純提供孩子所需的生活花用，其教育意義主要是讓孩子從小學習到理財的內涵。我將其分為：省錢、用錢、賺錢以及捐錢四大理財課程，是孩子必修理財教育的四個象限。

一、省錢：設立目標

英國哲學家法蘭西斯・培根說過：「沒有一種獲利能比節省手中的金錢還要結實可靠。」教會孩子，**從自己已有的現錢節省儲蓄，心裡會特別踏實穩定**。省錢儲蓄是理財的基礎，必須灌輸孩子設立儲蓄目標。鼓勵孩子每次拿到零用錢時，就將一部分節省儲蓄下來，養成積蓄的好習慣，這是達成目標的必要過程。

“財富＝收入－（支出＋消費）＋節省”

其實，節省的內涵，與不少知名理財專家，如蒙格之流的大師特別強調的致富精神，包括「**延遲享樂**」以及「**降低預期**」的意義相符。不貪圖眼前享樂，也較能滿足現狀，這是心理學認同的成功特質，也是願意節省的人同樣具有的特質。

所以，與其他財富公式不同，我將節省作為核心元素。這樣的公式能激勵孩子尋找省錢機會，並將節省視為財富增長的關鍵。

二、用錢：理性花費

教導孩子制定預算，明確分類每次的零用錢用途，例如分為娛樂、飲食、學習用品等。提醒孩子謹慎選擇和比較價格，培養理性消費的意識。

尤其特別提醒的是，以上兩種還可以教育孩子，最好的理財是「先存後花」，就是先將「需要的錢」存下來之後，多出的錢再花用在適度的項目上。而不是「先花再存」，亦即，不是花錢有剩之後，再將餘錢儲蓄。這兩者的順序差別是股神巴菲特的重大提醒。可別小覷了順序差別，這是會深遠影響孩子的理財態度。相信爸媽一定也同意，「先穩健再冒險」是孩子理財的首要原則。

三、賺錢：有勞有得

父母應該鼓勵孩子多參與有意義的事務，例如社區服務等，以換取額外的零用錢。強調工作的價值，是讓子女體會勤工努力付出的回報，培養有勞有得的正確觀念。

此外，進一步教育子女如何透過零用錢來賺取更多的錢，例如啟發他們進行投資、複利的儲蓄管道，了解積少成多、以錢滾錢的正確理財思維。有句名言是：

"生活是不會支付你零用錢的，會支付你零花錢的，是你所賺的錢！"

所以，零用錢不是全部仰賴父母的給予，而是讓孩子體會自己也可以賺取而得。

四、捐錢：公益行善

當派發零用錢後，應引導孩子培養社會責任感，例如關注弱勢群體或環境維護，鼓勵將部分零用錢用於公益捐助。這不僅讓零用錢更具意義，也讓孩子體會自己的貢獻對社會的影響，激發他們更積極累積金錢，好做更多公益，形成良性循環。

從零用錢的四種用途，可以非常完整地為孩子的財富思維扎根，當學會儲蓄、理性花費、努力賺取報酬，以及分享社會責任，孩子會有更健康可期的富足人生。

驚人的改變：青少年的零用錢

孩子的零用錢不同階段會有不同的需求。升上國中後，零用錢很可能成為催化成長的重要教材。

國中生需要面對學具、參考書和課內外活動的花費，父母可試著放手讓孩子做預算，根據其合理性再派發適量的零用錢。這不僅幫助孩子檢視需求，還讓他們體會「**當家方知柴米貴**」，學會在預算內精打細算，確保錢用在刀口上，避免浪費。例如我朋友英倫的孩子的改變。

英倫就是從孩子上國中開始，採取讓孩子自編預算，經她檢視無誤，再派發零用錢的作法。當然，這時孩子的零用錢已經比小學時多了不少。孩子的用錢觀念也發生巨大的改變，那個過去會仰賴向父母伸手買心愛玩具的孩子彷彿瞬間長大了。

隨著孩子擁有自編預算並管理零用錢的經驗，他們可能會培養出一系列具體的行為和價值觀，原因是：

"當自主管理金錢時，從接受者蛻變成管理者，思考的面向、尤其是用錢的心疼程度，完全不同了。"

英倫驚喜地發現孩子有了以下的改變：

一、珍惜物品

孩子需要自行購買學用品和娛樂物品後，會更珍惜這些東西。他們逐漸理解每一筆開支的價值，更懂得保護和妥善使用所擁有的物品。

二、不隨便買新汰舊

在預算限制下，孩子會更謹慎考慮是否真的需要新物品，而非輕率購買。他們傾向於繼續使用舊物，只有在真正需要時才考慮更換，做到物盡其用。

三、資源回收和環保意識

隨著管理金錢的經驗增長，連帶地，孩子會更注意資源的有效利用與回收。比如，收集塑料瓶可以換取一些零用錢，或是將廢棄的電池交由指定超商回收，這些都有利於提升環保意識，激發對環境保護的興趣。

四、比價和精打細算

孩子為了在預算內達到最大經濟效益，開始學會比價和尋找優惠，甚至接受即期產品，這令英倫大為驚訝。因為以前只要是即期產品，一律被孩子列為拒絕往來戶。國中階段的孩子已經懂得以最划算的方式獲得所需物品。

我不禁為英倫的理財教育方法大力按讚。這一安排方式不僅培養了孩子的理財意識，還促使他們養成珍惜資源、環保意識和精打細算的良好習慣。案例提醒的是，爸媽應該根據年齡，適度地放手零用錢的管理權限，絕對可以見證孩子的明顯成長。

篇末叮嚀：殺豬養雞

我有個比喻常分享給朋友：理財是「殺豬養雞」。小時候孩子會用豬隻撲滿來儲蓄零用錢，一旦存滿就可打破撲滿，取出長期攢下的零用錢，然後改為養「雞」。雞指的是投資，會隨著時間緩緩增加，還會下蛋，這就像我們的財富慢慢豐富。這也是爸媽可以教育孩子的觀念，先儲蓄才能有積累的本錢，而若期待更好的成果，就不是繼續存，而是要轉向投資更高報酬率的項目。養著金雞，隨著他們長大，就會更有收穫。爸媽要叮嚀孩子：零用錢可以是活錢，而不是停在撲滿裡的呆錢喔！

零用錢是孩子的起始資本，善行是讓資本增值的最佳途徑。

第四章

財務畫布：和孩子一起描繪未來藍圖

計劃就是把「未來」帶進「現在」，以致你可以現在就為之行動！

——艾倫．拉坎（Alan Lakein，美國作家、時間管理大師）

金錢不漂流

「為什麼這艘船一定要朝著一個方向開？隨便開不也能看到有趣的地方嗎？」就讀小學的小倩手指《金銀島》漫畫問著媽媽。

媽媽解釋：「隨便開確實能看到風景，但若燃料有限又沒目標，可能連回家的力氣都沒了。」

小倩思索後點頭：「也對。」

媽媽接著說：「妳發現沒，這跟妳的零用錢很像。如果啊今天花一點，明天花一點，最後可能買不了真正想要的東西。」

「嗯，沒錯。」小倩同意地點點頭。

「存錢就像航海，錢是燃料，目標是燈塔。沒有燈塔，所有的錢只是在漂流，最後可能都流失了。」媽媽接著又說。

「目標真的那麼重要嗎？我現在只想買個新芭比呀！」小倩疑惑著說。

媽媽微笑道：「芭比可以是妳的小燈塔，但妳要記住，人生是一片更廣闊的海洋。有些燈塔指向短暫的快樂，有些燈塔則指向妳未來的幸福。妳需要一個『財務藍圖』，來選擇哪些燈塔值得追求喔！」

「那我的燈塔到底是什麼呢？」小倩好奇地問。

「妳還小，但媽媽可以陪妳討論目標，勾勒藍圖，讓零用錢更有價值，幫助妳找到方向啊！」

小倩開心地說：「嗯，那我要好好想想，開始計劃藍圖，讓我的船開到我的金銀島去！」

的確，理財教育如同一場航海遠行，父母可以將每一次設定的「財務目標」比喻為航海中的「燈塔指引」。正如船長透過望遠鏡尋找清晰方向，確立目標才能順利啟航。同樣地，在理財的畫布上，設定精準的目標，不僅是父母為孩子規劃財務學習的導引，也是讓孩子參與其中、共同描繪未來藍圖的契機。

目標的設定可以分為兩個面向：一是財務的進程規劃，二是完成事項的設定，就如同巴菲特的雪球理論。

均速比快速重要

「同學們，有沒有人知道什麼是『雪球效應』？」有一次課堂上我問學生。

「老師，我知道！就是夠濕的雪加上夠長的坡道，雪球越滾越大，最後變得很巨大，是巴菲特累積財富的理論！」一位學生舉手回答。

「沒錯！很好。那你知道什麼是『雪崩效應』嗎？」我接著追問。

「嘿，這個我就不太清楚了，難道是反面的理論？」誠實的學生，不知為不知。

孩子不僅要瞭解雪球理論，也要知道雪崩理論喔！

「你猜得沒錯！所謂的『雪崩效應』就像積雪過厚，斜坡太陡，最後因為失去平衡而整個崩塌。在財務上，就是指過度槓桿或過度集中在高風險資產，像是投資組合失衡。而當外部環境變動時，很可能讓辛苦滾大的『雪球』瞬間瓦解。」我解釋著。

「老師是要發出警告嗎？」學生調皮地說。

「沒錯，學習理財時不能只知道『雪球效應』，還要明白如何防範『雪崩效應』，才能避開風險，穩健累積財富。」這是對學生的重要叮嚀，也是投資者該警覺的風險提醒。

巴菲特的「雪球」理論，無論球的大小，都可做為形象化的理財目標。如果坡道夠長，坡度夠陡，雪球就會越滾越快，財富累積也會加速。可是從財務的安全性，穩健均速的滾動，才是最可靠可期的理想狀態。

好比你有一筆初始投資，希望在十年內從一千美元增至二千美元。這就像滾雪球，投資是起點，穩定的年化複利率則是滾動速度。以五％的年化複利率為例，這就是一個可行的均速目標。許多國內ＥＴＦ在過去的高配息表現中不乏優於此水平（但需注意，過去的收益不代表未來表現）。

從金錢教育的意義來看，強調均速穩健滾動的雪球，除了可以清楚了解達成財務目標的時程，更是培養孩子做到自律，將理財作為長期習慣的好訴求。

財富雪球的滾動，是教導孩子金錢的累積不是孤立的，而是「**線性排列**」，點滴的成果都會匯聚成河。就如「雪球效應」必須從起初最小的降雪累積起，慢慢地滾動，而坡道越長，時間越久，聚財效果越佳。雪球理論的真正精髓：不是越滾越快，以免失速反致危害，關鍵是能否持續滾動。

"真正的致富之道，不是快速，而是均速。"

尤其如學生和我的問答，雪球絕對不能失衡，這牽涉到投資組合的合理分配，而非偏重一方，尤其慎思高風險投資。從教育上，提醒孩子，滾動過程中，未必一帆風順，甚至可能越滾越快，興奮忘我，輕忽控制雪球的體積，失衡墜崖而致雪崩。總結來說，固然雪球理論提供了財富累積的想像與激勵，但不可或忘辛苦累積的雪球也會雪崩可能毀於一旦。正反的比喻都得叮囑孩子，以便學會謹慎面對風險與挑戰。

孩好，爸媽這樣做！

有「金」無險的必修課

認識黃金，是親子理財教育中常被忽略的一堂課，但是有必要納入孩童財務教育的通識教材，因為黃金是孩子未來的財務藍圖中的重要拼圖。

黃金象徵著富足與穩定，更是華人社會偏好的貴重物品。從婚禮、儲蓄、餽贈子孫，都少不了黃金。尤其是，華人社會的銀樓林立，是生活中帶領孩子觀測經濟榮枯，學習理財教育的很好教室。

此外，黃金是眾所熟知抗通膨的避險工具，「有『金』無險」早已是不分國界的投資者根深蒂固的認知，從台灣到國際皆然。從台灣好市多（Costco）賣場販售起黃金，即可感受國人酷愛黃金的程度。並且由於台灣好市多販售黃金的模式大獲成功，美國的好市多也開始如法泡製賣了起來。它們不怕沒客人，因為不僅華人為數眾多，連美國人也跟進搶購，銷售成績非亮亮眼。

那麼該如何教育孩子黃金相關知識呢？我建議可與孩子從以下問題開始：

為什麼黃金在華人社會特別受歡迎？

好市多賣黃金從台灣到國際，反映什麼國際消費者的普遍心理？

黃金價格的漲跌受哪些因素影響？

接著循序漸進，啟發孩子建立相關財經觀念：

一、學習單位與計價

引領孩子了解黃金的重量單位（如盎司、克）和計價方式，可建立對數字和交易的敏感度，這是理解任何理財工具的基礎能力。

二、分析價格波動

引導孩子觀察某段時間內的黃金價格走勢，例如受到通膨、匯率、國際事件影響的漲跌表現。藉此不僅培養經濟敏感度，也教會孩子經濟因果關聯的能力。

三、認識價值儲存

討論為何黃金常被視為避險工具，進而延伸到現代人如何選擇投資工具，如股票、房地產或數位資產，幫助孩子開拓多元的財經視角。

黃金作為教育中的必修教材，不僅教會孩子如何衡量價值，更能幫助他們了解財經的多元面向，例如價值儲存、交易媒介，甚至背後的文化內涵。如今，黃金存摺的開立已蔚然成風，逐漸成為理財的「標配」。透過黃金引導孩子進行實用的生活學習，比起僅僅講解金錢理論，更能激發他們的興趣與共鳴。

許孩子一個夢想樂園

財務目標設定，從第一個面向「進程的規劃」，再到第二個面向「最終達成什麼目標」，就是藍圖到完工的經過。爸媽可以用輕鬆有趣、階段分明的比喻來教育孩子。

「孩子啊，將財務的規劃想像是正在設計一座專屬的樂園喔！你就是工程師。施工藍圖裡面有你設計的溜滑梯、摩天輪、冰淇淋攤，甚至是你最想要的神秘樹屋！要完成這座樂園，會需要幾個重要的『施工階段』，而這些階段過程就是理財的基本功。」

一、儲蓄：打地基

樂園的地基越穩固，建設越安心。儲蓄就是你的地基，每次把零用錢的一部分存起來，就像在加固地基，未來才能建設更大的遊樂設施。比如，每天存小錢，一年後就可能存到足夠搭建一個迷你摩天輪的「地基資金」！

二、支出：規劃遊樂設施

你不可能一次蓋完所有設施，聰明的做法是需要分清哪些是現在最想要的，哪些可以等一等。先選擇搭建溜滑梯，或是買一大堆氣球，這就是學會支出優先順序的第一步。

三、投資：啟動魔法機器

樂園裡有一台神奇的「金幣生成器」，它需要先投入一部分資金（像是你的零用錢），然後會慢慢生出更多金幣。這就像投資，只要有耐心，金幣會越來越多，甚至每隔一段時間，就能幫你買下不同的遊樂設施呢！

四、目標設定：藍圖的總計劃

你的樂園需要一張清晰的施工藍圖，告訴你下一步要做什麼。比如「一年內完成溜滑梯，三年後蓋好旋轉木馬」。設定這些目標，是讓你知道每一步存多少錢、花多少錢，朝夢想前進！

五、分享：邀請朋友來玩

只要努力不懈，總有一天會建好樂園。重要的是，建好之後，別忘了分享快樂！有時候把多出來的糖果送給朋友，或者幫忙他們蓋小型樂園，也是一種「理財的分享計畫」，會讓你的夢想更有意義。

用富於想像的比喻，有助孩子將抽象的財務觀念與日常生活連結起來。透過類似「樂園建設」的具象比喻，更能激發孩子興趣並勾勒扎實的理財藍圖！

再打個比方吧！引導孩子可以把儲蓄比喻成「蓋房子的磚頭」，每一元都是一塊磚，日復一日的累積，終能打造出屬於自己的夢想小屋。消費則像「買票進入遊樂園」，花錢帶來短暫的快樂，但若票用完了，就得等下次有新的資源才能再進入。這樣的比喻讓孩子明白：不是每一筆錢都該馬上花掉，有些錢必須要留著做其他打算，才能換取期望的目標。

進一步，父母還可以設計互動式的「樂園規劃圖」，讓孩子自己規劃要花多少錢打造哪些設施（如摩天輪代表玩具、旋轉木馬代表甜食），而哪些資金要保留（如儲蓄帳戶象徵樂園的城牆）。這樣不僅讓孩子在遊戲中練習預算分配，也養成取捨與計劃的思維。

透過童趣式的比喻和參與式活動，孩子容易將財務知識內化為生活的一部分，進而樂於學習並做出更成熟的財務分配。

「苟活」開始，「快活」達標

陶堂夫婦是我的好朋友，一對目光長遠、危機意識強的普通上班族。他們的孩子阿銘，從出生開始就被賦予了一堂實踐財務規劃與責任的精彩課程。

夫妻倆深知薪資有限，且未來罕有升遷和大幅加薪的機會，於是從阿銘出生的第一天起，他們便開啟了「財務長跑」。陶堂夫婦及早就為阿銘設立專門的大學教育基金，每月從固定收入擠出一部分存入，並選擇穩健的小額基金投資。這不僅是財務規劃的未雨綢繆，更是夫妻倆對孩子未來的責任與承諾。他們深知，**時間是理財的最佳夥伴**，及早開始存款和投資，能最大限度地發揮投資的威力。

每隔一段時間，陶堂夫婦就會檢視基金的投資狀況，並從閱讀中適時調整投資組合。他們行穩致遠，不追求短期高回報，而是將目光放在穩健的長期收益，只確保資金能伴隨阿銘一路成長，不虞匱乏。藉由一路下來的理性規劃與持恆努力，支持阿銘順利完成大學教育。

然而，故事還有續曲。阿銘大學畢業後，懷抱著對創業的熱情，希望用自己的努力改善家庭生活。陶堂夫婦對此深感欣慰，但他們也清楚創業充滿挑戰，尤其需要資金支撐。於是，他們果斷結清了教育基金，將其轉為「創業基金」，並再次啟動家庭的集體智慧，投入到新的財務規劃中。透過鑽研理財工具，選擇分散風險的投資組合，並諮詢理財專家，確保創業資金的穩定與安全性。

阿銘沒有辜負父母期望。在父母的支持和共商下，他設計了一份縝密的創業計劃，家庭更定期舉行理財會議，討論如何應對各種創業風險。藉此有條理、有目標的步驟，不僅是阿銘創業成功的基石，更是一場代際傳承的理財教育。

結局是圓滿的，這筆創業基金孕育出豐碩果實。阿銘成功興業並穩定經營，最終帶領家庭實現財務自由。陶堂夫婦的故事啟示我們，真正的財務智慧不是追求一夜致富，而是穩健地規劃、積累和傳承。這堂關於未雨綢繆、目標設定和風險管理的課程，不正是每個平凡家庭可效仿的財務啟示錄嗎？

“早一點開始，少一點壓力；多一點規劃，多一份可能。”

是案例的最好啟示。夫妻倆告訴我，他們非常平凡，甚至連稱為中產階級都很勉強。他們戲稱自己是「苟活」於人世，但我稱讚他們的務實理財，如今已經可以「**快活**」人間了！

篇末叮嚀：讓錢比孩子更快長大

理財如同賽跑，短期、中期與長期財富目標就像短跑、中長距離賽跑與馬拉松，各有其節奏與策略。父母作為陪跑教練，應智慧規劃財務藍圖，將目標劃分為不同階段：短期如每月儲蓄習慣，著重快速見效；中期如年度儲蓄計劃，強調持續穩定；長期則聚焦於三至五年或更久的遠程目標，例如創業基金或教育儲備，需累積耐心與策略。每個階段都是里程碑。重點是，透過清晰的目標與適當的理財工具，實現「**讓錢比孩子更快長大**」，才能穩健滿足每個階段的需求，為孩子打造一生財務無虞的未來。

第五章

理財定位：校準孩子的財商羅盤

每個人都有能力打造一個金融方舟，讓未來能夠生存並繁榮發展。但你必須在「財商教育」上投入時間，才能建造一艘有堅實基礎的方舟。

——羅伯特．清崎（Robert Toru Kiyosaki，《富爸爸》系列書籍的主要作者）

父母如船長

在孩子的金錢態度、理財觀念尚未理性成熟前，爸媽的責任至關重要。因為這時期容易出現偏差的觀念與行為，必須要及早糾正，以免愈發嚴重。這就如同船隻定錨前，船長和船員不免要調整與校準，才能精確就位，以確保船隻能夠準確地停靠在目標位置上。

同樣地，當發現孩子開始出現行為與消費偏差，父母需要與孩子溝通和教育，做好觀念把關，幫助他們建立正確金錢價值觀和理性行為，才能面對金錢的使用和風險。

四種常見的「怎麼辦？」

不良習慣與行為容易涉及金錢的不當使用，偏差導致財損，若不及早導正，放任下去就會一發不可收拾了。而當孩子的金錢態度與理財觀念出現偏頗時，正是父母利用經驗與創意智慧，糾錯孩子的時刻。以下就我的經驗談，彙整了四種常見孩子濫用金錢的事例，常令父母發愁不知怎麼辦。案例中的父母如何「以正導正」的創意作法值得分享。

案例一：孩子花錢熬夜打遊戲怎麼辦？

小傑是一名國中學生，經常沉迷於手機上的社交媒體和遊戲，不僅熬夜玩遊戲導致學業受影響。甚至花了大筆的零用錢。父母意識到這個問題，雖不希望完全限制孩子對手機的使用，但也不樂見沉迷虛擬世界又誤了課業，還虛擲金錢。

父母可以這麼做：

逾額自付

為了解決這個問題，爸媽決定給予小傑一定的手機使用權限，將原本吃到飽的無限上網，改為有流量限制；同時規定，流量費用由爸媽支付一半，但超過一半的部分，小傑需要自己承擔。以此來限縮他沉溺網路的時間，並促使其體悟用錢須有節度。

時間與獎勵結合

小傑的爸媽知道手機是孩子的娛樂來源，適度的娛樂也是必要的，但卻不能荒廢學業。於是將使用時間和成績掛勾。一旦達到某一設定的成績，就可以增加使用手機的時間，甚至派發零用錢以資獎勵。

作法分析

這樣的作法有助於小傑建立良好的行為模式。首先，他保持了一定的自主權，維持了孩子在乎的自尊，並有一定的休閒空間。同時，父母透過經濟限制，教導了小傑經濟獨立和自我負責。這不僅是灌輸有關金錢的正確觀念，更是讓他明白生活中的花費必須有所節制，絕不可流於放縱。

孩子的收穫

爸媽的方式同時教導了小傑理財的重要性。透過自行支付超支部分的經濟壓力，小傑體會了分配資源和零用金預算的能力。案例不僅分享解決手機過度使用的問題，也為小傑提供一次學習機會，使他在日後的生活中更了解金錢、時間與責任的相互性。這將有助於將理性決策的思維應用在未來生活中，裨益更好地應對金錢管理和時間分配的挑戰。

案例二：孩子愛美花錢怎麼辦？

有個住上海的女性朋友，她有個正值青少年愛美期的女兒，每隔一段時間就去染髮。朋友經常接到正在染髮的女兒來電視訊，但是目的可不是給媽媽看染得好不好看，而是請媽媽立即匯款給她，因為發現電子錢包沒錢了。朋友滿心不悅，也不便當場發作，還是只好匯了款讓女兒付錢了事。

我問她，怎不叫孩子買染劑在家自行處理就好，花這錢幹嘛呢？她嘆氣地說：「是呀，以前自己要染髮就是存錢買染劑自己回家裡處理，但現在的孩子養尊處優，哪像當年我們呢！」

對女兒的要求，朋友的應對方式顯示了她的包容和理解，卻也埋下了問題的種子。因為孩子可能隨著年齡的增長，一遇消費不足就電話求救，從此可能更加需索無度，殃及一生的財務狀況。

父母可以這麼做：

鼓勵激發創意

建議女兒選擇相對實惠經濟的染髮方案，或者學習在家染髮，不僅只是節省開支，重要是，可以發揮自己的染髮創意，會更為有趣時尚，符合青春期孩子的個性。

設立染髮預算：逐漸引導女兒建立金錢觀念。比如設立一個特定的染髮預算，並教導女兒如何有效利用這個預算。如果女兒提前花光預算，就要等下一個預算週期，藉此培養女兒理性消費和金錢管理能力。

設立目標獎勵制度

和女兒共同設立目標，例如節省染髮費用的一部分，作為達成某個目標時的獎勵。這樣的方式既能夠激勵女兒節制花費，同時也讓她學會為其他目標而努力。

作法分析

這樣的解決方法不僅可降低染髮費用，還激發孩子的創意，體會有更好方法達到同樣目的。而且通過節制花費和合理安排預算，教導孩子學會有效管理金錢，培養優質的理財習慣。

孩子的收穫

除了創意受到激發外，案例的做法是藉由目標設立，加強孩子參與感，有助於更好地理解價值觀念。提早明白金錢來之不易，尤其學習因應生活中的種種開支，及早建立效率花錢的意識與能力。

案例三：女兒花錢瘋流行怎麼辦？

和上個案例類似，涵涵是一個喜歡時尚的少女，她總是追求最新的潮流服飾和配件。每當有新的服裝品牌推出新款式時，她都會向爸媽要求購買，甚至不惜花光零用金，即使她已經擁有類似的衣服或配飾。

父母可以這麼做：

時尚挑戰

涵涵的媽媽建議母女倆來一次「時尚挑戰」，即在有限的預算內，看誰能夠創造出最具時尚感的造型。她們一起去二手店、淘寶網等地方挑選物品，並在家裡進行ＤＩＹ改造。通過這個挑戰，涵涵發現竟然可以在有限的預算內達到同樣的新潮，甚至透過創意，還能獨樹一格，不會與同儕「撞衫」，這令她像發現新大陸般驚訝。因此更能接受二手商品和自製品，從而大幅降低了相關的花費。

專家幫你說

涵涵的媽媽恰巧有位教導時尚產業的老師朋友，正好就帶著涵涵觀看線上課程。原來，這些專業老師分享的內容，不僅是時尚產業的奢華一面，更以豐富的經驗和觀點論述了包括時尚產業的流程、對環境和社會的影響、教導如何選擇具有價值觀的時尚品牌，像是融合了環保減碳概念的品牌，以及如何在有限預算內理性消費等等。

涵涵媽媽聰明地透過專家的專業見解，讓涵涵了解到時尚不僅僅是穿著的外表，還涉及到更廣泛的社會和環境議題。同時，還需有更為理性和成熟的消費觀念，以及如何在有限預算內做出明智的選擇，而不是一味地「非潮不買」。

作法分析

藉由引導，不僅幫助涵涵理解了金錢的價值和理性消費的重要性，還培養了她的創造力和自主性。透過這樣的活動，成功地引導涵涵建立了更加健康和理性的消費觀念。同時，時尚對話也增強了她們之間的親子關係。

孩子的收穫

這個案例啟發了如何通過創意活動教育孩子在追求時尚與理性消費間取得平衡。透過媽媽與涵涵的時尚挑戰，不僅讓涵涵理解金錢價值與節制的重要性，還激發了創造力與自主性。同時，藉助專家「說服」孩子的做法，比父母單純勸導更有效。專家幫父母說，也讓親子對話更有論點。

在此特別分享一位成功地教育孩子的朋友的名言。他不斷告誡孩子說：「千萬不要用『你不需要的東西』去追求『別人不在乎的事物』。」嗯，這段話是對債務和消費文化的深刻反思。

案例四：孩子受到同儕慫恿消費怎麼辦？

小雄本是一個喜歡閱讀和學習的男孩，但最近受到同儕影響。他的同學們都在瘋狂地購買最新的電子產品和遊戲卡，經常慫恿他也跟著購買，大家才能一起討論如何過關。小雄喜歡結交朋友，因此他擔心若沒有共通的話題，就會失去朋友與友誼，所以有了跟進購買的煩惱與壓力。

案例中的小雄，如同無數孩子的縮影。他們將這些不需要的東西，只因朋友都擁有，就視為「標配」，非得同樣購進，否則彷彿自己是異類，會見斥於群體。這類案例還令爸媽更棘手的是，以前要消費時，得親赴賣場，這中間還有頗長時間可以反悔採買，然而現代的軟體功能非常強大，孩子輕易按個鍵就訂購完成，錢就花出去了，父母根本來不及阻擋。今昔對比，可見得盡早培養孩子抗拒同儕壓力，不受消費誘惑何其重要。

父母可以這麼做：

改變朋友圈

他們鼓勵小雄參加一些與他興趣相關的社團或課外活動，例如閱讀俱樂部或科學實驗團隊。這類的活動不僅讓小雄有機會遇到和他真正志同道合的朋友，還能夠擴大他的社交圈子，減少某些不良同儕的互動和影響。

願望清單

爸媽與小雄一起設立了一個「願望清單」，包括旅行、參加科學營等。他們鼓勵小雄改為專注於實現夢想目標，並提醒他每次花錢前都要先考慮這些夢想目標是否值得。爸媽也在家庭中持續倡導正面的消費文化，強調價值觀、理性消費和感恩。父母的用心是希望轉移孩子的專注項目，良幣驅逐劣幣，以夢想目標取代電玩娛樂。

作法分析

從小雄爸媽的作法來分析，透過朋友圈與目標的轉移，小雄得以擺脫了同儕的接觸與影響，並逐漸學會了獨立思考和堅持自己的價值觀，不再輕易受到同儕的慫恿影響。同時，他也明白了自己的夢想目標的重要性，並努力實現這些目標。

孩子的收穫

小雄的案例並不罕見，成長期的孩子易受同儕影響，近朱者赤，近墨者黑，行為容易偏離正軌。父母可引導孩子參加興趣相關的社團或課外活動，改變他們的社交圈，減少對某些同儕的依賴。同時，設立夢想目標並建立正面的消費文化，有助於孩子理性思考、堅持價值觀，從而擺脫同儕壓力，建立健康的金錢觀念。

孩好，爸媽這樣做！

反向操作，買一送一

「爸，我要買遊戲機！」每當遊戲機新品上市，強強就向爸爸索討。

「好，這次買兩台。」爸爸笑著說。

「哇，太棒了。」強強歡呼起來。

強強是個小學生，他對金錢的價值觀存在偏差。總是開口要禮物，而且零用錢使用不當，常受同儕影響亂花錢。

強強趁著兒童節將臨，又和爸爸吵著要一台昂貴的遊戲機。爸爸決定以反向操作的逆向思維來教育強強。

爸爸告訴強強，願意買遊戲機，甚至可以加送一個。強強聽了大呼意外，非常開心。只是，這可是有前提的。爸爸希望強強必須先證明自己有足夠的金錢管理能力，因此提出了一個名為「管理挑戰」的計劃。

在這個挑戰中，強強需要自己設立一個理性的預算，並且在一個月的時間內節省下設定的高零用錢額度，還必須將省下來的錢存入一個「財務計劃罐」，以供未來的投資或儲蓄之用。這樣做的目的是讓強強不再亂花零用錢，如果強強成功完成挑戰，爸媽將會履行承諾，給他買一個遊戲機，並且額外加送一個。

強強辦到了，爸爸也機會教育了儲蓄與管理的重要。這是個有創意的好做法，一般父母面對孩子的索討多會直接拒斥，甚至責罵孩子，或是遂其願望。但孩子並沒有學會正確觀念。強強的爸爸非但不拒絕，反而加碼。一方面讓孩子如願，但另一方面也讓孩子有成長學習的機會。或許有人會問，買兩台遊戲機，不是更傷家長荷包嗎？是的，但強強的爸爸很有智慧，刻意設定高儲蓄額，而且不能動支，目的就是當作下一次送禮物的基金，離下回送禮物的時間也會變得更長，同時又教導孩子金錢使用觀念，換算下來，是相當划算的呢？

篇末叮嚀：「用意」轉為「創意」

擔心孩子行為的父母，都期望糾正孩子的不當舉止與觀念。用意出發點都是良善的，但是孩子往往不受教，不理解其中的良苦用心。但與其責罵、爭執，不如運用創意，轉變孩子的認知方式。

父母面對孩子的問題時，先別急於動怒，不妨停下來想想，有什麼創意的方法可以有趣又效率地解決問題？正如教育的理念：「**教育孩子就像投資，關鍵不在於當下的糾正，而在於如何讓他們在未來實現更高的回報。**」試著讓教育與創意相遇，不僅美好的成效可望出現，同時增進更緊密的親子關係。滾滾長江東逝水，浪花淘盡英雄。一壺濁酒喜相逢，古今多少事，都付笑談中。

第六章

避開陷阱：教會孩子守護財庫

如果你不教孩子們如何管理自己的錢，市場營銷和廣告會很樂意告訴他們怎麼花掉。

——林賽・米爾斯（Linsey Mills，金融專業人士，《通過遊戲教孩子理財》作者之一）

金錢教育中，「讓錢長大」的有效投資固然重要，但危機會扼殺成長，必須具備避險意識，才能立於不敗之地。尤其對孩子的理財教育，更應重視穩健理財觀念和避險策略，以在風險四伏的環境中做出明智決策。

什麼是穩健的理財觀念？

就是提醒孩子學會儉約理性消費，養成穩定的投資習慣。同時，也要認識到風險無處不在，正如巴菲特所言：「風險來自於你不知道自己在做什麼。」即使我們自認周全，仍可能掛一漏萬。因此，避險策略是理財教育的核心之一。讓教育更全面，必須教導孩子「機會與風險並存」的觀念。

培養避險四方向

那麼，爸媽該如何培育孩子避險的觀念與意識呢？

首先，要讓孩子理解風險管理的基本概念。可以透過有趣的方式，例如遊戲，來解釋投資的不確定性與波動性，並教導他們如何利用分散投資來降低風險。例如，父母可以讓孩子想像有一百元零花錢，可以選擇全部花在一個玩具上，或分散用於不同的小物品。如果選擇了一個玩具，但它壞掉了，所有的錢就打了水漂；而分散購買多樣物品，即使一樣壞了，其他還能把玩。藉由趣味的做法幫助孩子理解分散風險的重要性，並引導他們思考風險與回報的平衡。

其次，讓孩子參與投資決策，實現從「體察」到「體現」的過程。可以設計簡單的模擬投資活動，讓孩子選擇標的、制定策略，並觀察結果。這樣的實踐經驗有助於切身理解風險與收益的關係。

第三，強調「長期視野」。教育孩子認識到投資是一個長期過程，短期波動並不能反映整體價值。可以透過分享成功案例，幫助他們學會堅持長期持有資產的穩定性與增值潛力，減輕短期波動、一時風險所帶來的焦慮感。

最後，建立應急計劃與風險應對策略。讓孩子了解可能面臨的風險，如市場波動或經濟衰退，強調提前準備的重要性，幫助他們在面對未知風險時更加從容，培養有備無患的積極心態。

這四點做法有助培養孩子避險的觀念與意識，讓他們能夠更理性、更有自信地應對經濟生活的各種挑戰。

三種危險怪獸

在理財教育中，有三種破壞理財成果的常見挑戰，如怪獸般的危險存在著，虎視眈眈我們的財富。有必要警示孩子，提醒他們提高意識並懂得迴避。

風險一：通膨怪獸

有怪獸　有怪獸　有怪獸　纏著我
有怪獸　大怪獸　醜怪獸　粘著我
張開嘴一口又一口啃著我
地球上明明有四十幾億人口　偏偏就是選中我
轟隆轟隆隆　每天對著我噴火……

這是知名歌手徐懷鈺主唱歌曲《怪獸》中的歌詞。生活中確實有一隻大怪獸就如歌詞中所描寫的，如影隨形地纏著、黏著、一口又一口啃著我們，牠的名字就叫通膨。

為什麼要教育孩子什麼是通膨？因為孩子的人生還長得很，而金錢會越來越薄，原本以為已擁有的財富能高枕無憂，卻很可能在通膨怪獸的突襲下，瞬間就消失了。越早有通膨的認知，就越早具有認真理財的心態。

不要懼怕學術名詞，爸媽不妨以生活中的例子來教育孩子關於通膨的影響，提醒他們這是為什麼要學好理財的關鍵。比如，可以使用一些生活例子來教育孩子什麼是通膨，就像幽默的陳爸爸。

陳爸爸的兒子丁丁喜歡吃車輪餅。兩年前一個車輪餅是十二元，現在卻漲到二十元，雖然差距只是八元，但漲幅卻高達六成六。

「丁丁，以前給你十二塊錢買車輪餅。但是現在車輪餅漲價了，十二塊買不了了。得給你二十元。這就是通貨膨脹。」陳爸爸帶著愛吃車輪餅的兒子丁丁路經了攤位，看到價格又上漲了，這就教育起來了。

「爸，我知道變貴了。但是通膨是什麼？」丁丁好奇地問。

「丁丁，你這麼想，通膨就是用越來越多的錢才能買到同樣的東西。那會發生什麼呢？」陳爸爸問著孩子。

「錢不夠，就買不到想要的數量了啊！」丁丁很聰明。

「沒錯，還有呢？」陳爸爸再問。

「還有我發現車輪餅也變小了……」丁丁嘟著嘴說。

「是啊，這也是通膨的另外一個現象。如果價錢不變，東西就變小了。」陳爸爸進一步說明通膨內涵。

「所以如果要車輪餅一樣大，老闆就得漲價了。」丁丁回答。

「呵，很好，這就是了。得用膨脹的錢才能買到原來的數量或份量，這就是通貨膨脹。所以會將通膨比喻是怪獸，因為它會吃掉辛苦累積的財富」陳爸爸說著。

陳爸爸採取現場教育，從車輪餅教育孩子通膨。他說，為了讓孩子理解更深刻，他從丁丁很小的時候就給他一個玩具撲滿，每次派發一些零用錢時，讓他放一些錢進去。然後每隔一段時間，打開撲滿，讓丁丁用自己的錢去購物，看看這些錢再能夠買到的東西，是變多了還是變少了？這樣對金錢與物價的感受會更敏銳。若是後者，就是受到通膨的影響。

生活化的教育才是最有感的教育！

就如陳爸爸透過日常生活來引導孩子理解通膨，培養對金錢和理財的敏感性。通膨使商品價格普遍上漲，增加了生活的財務壓力。因此，除了讓孩子了解通膨的挑戰，也要教會他們花錢謹慎，並養成儲蓄習慣。這樣，即使面對通膨這隻「怪獸」，他們仍能聰明應對，確保金錢縮水時，生活品質不受影響。

風險二：負債怪獸

英杰的兒子喜歡打球，常常運動累了，想喝個飲料消暑，就常向球友借錢買飲料。雖然一段時間後就會歸還，但是後來還錢的時間越拉越長，有一陣子甚至欠了好幾個球友的錢。雖然金額不大，也都會歸還，但已經形成借錢負債的習慣。英杰雖然屢屢告誡孩子，但孩子還是時不時就私下借錢。英杰深恐孩子的負債習性不改，終釀大禍，便特地請老師一起管教制止。

英杰的作法是正確的，父母和老師一起施教約束，絕對有助於教育導正的成效。

的確，教育孩子負債的風險太重要了，儘管未出校門，**但小習慣會成大災難**。必須讓孩子明白借錢和債務不當使用可能帶來的長遠影響，因為

"今天輕易借的錢，可能是明天沉重的枷鎖！"

負債的風險包括：

高利息負擔：借貸需支付利息，高利息可能導致債務快速增加，加重還款壓力。

財務壓力：未妥善管理債務會影響生活品質，並增加心理負擔。

信用受損：無法按時還款會損害信用，影響未來借貸和信用卡使用的條件。

限制選擇：長期債務可能阻礙購房、創業等重要決策。

法律風險：未償還債務可能導致法律訴訟和相關問題。

因此，教導孩子避免負債，是無比重要的「預防性教育」，對孩子的經濟安全意識至為關鍵。實際做法上，我建議，除了減少借貸的想法，更可教育他們必須建立緊急基金來應對突發支出，未雨綢繆減少借貸需求。尤其鼓勵理性消費和價值觀念，可避免無謂的開支以及可能伴隨的債務。如果能成功帶著孩子制定預算控制開支，就一定會減少借貸需要。只要爸媽能夠培養孩子這些觀念與技能，就能使孩子成年後健全地管理財務，減少負債的風險。

孩好，爸媽這樣做！

借貸日記

我有個朋友，她的孩子小龍在小學高年級時，每每上完體育課，總喜歡向朋友借錢買飲料或零食，然後再回家向父母要錢還同學。朋友屢勸不聽，她擔心的正是理財專家內森・莫利斯（Nathan W. Morris）的名言：**「每次你借錢，都是在搶奪你未來的自己。」**若不從小制止，後患無窮。

她後來想了個頗有智慧的方法，糾正了小龍，也讓小龍體會到「慣性的借貸」是成功理財的禍源。她的核心觀念是，要讓孩子自己意識到問題，否則再多的規勸責罵都無濟於事。

朋友和小龍一起做了一個名為「借貸日記」的小手帳。

當小龍又向同學借錢買飲料或零食時，朋友決定先不斥責他，而是同意給予金錢歸還同學。但前提是，孩子必須先在這個借貸日記上記下相關的資訊，包括借貸日期、借貸金額、借貸對象和備註的欄位。這樣做不僅可以讓小龍清楚地記錄自己的借貸行為，還可以思考借貸的必要性。最關鍵的是，檢視自己的借貸紀錄才能反省行為是否合理。

約莫過了幾次後，朋友帶著小龍一起回顧了借貸日記上的記錄。小龍也驚訝自己向同學借貸的次數竟然不少。

通過自我覺察的方法，加上朋友的機會教導，小龍這才意識到自己頻繁借貸行為的不當。朋友的這個方法既簡單易行，又能有效地引導同樣狀況的孩子檢視習慣，頗適合家長參考借鏡。

風險三：資訊怪獸

美國作家蓮茜・米爾斯（Linsey Mills）有句名言：

"繁榮致富的藝術在於清楚知道，何時對將侵蝕未來財富目標光景的花費說「不」。"

孩子的智識尚未完全成熟，容易受到外在的影響造成衝動購買。尤其面對外界的資訊無孔不入，充斥不確定或不足的缺失，可能導致不明智的消費或投資。消費資訊會引誘或是誤導孩子，形成一種損害「理性理財」的怪獸。有必要教導孩子在做決定時要謹慎，盡量確保掌握足夠且正確的資訊，而且要對不當的消費誘惑勇敢說「不」。

為什麼孩子需要了解消費性資訊風險？

一、避免受誤導

避免虛假廣告，購買符合預期的商品。

二、節省金錢

學習辨別真實資訊，避免浪費在非必要低劣的商品上。

三、培養獨立思維

評估資訊可靠度，培養批判性思維，成為理性消費者。

那該如何應對消費性資訊風險呢？

一、廣納多方資訊

從不同來源獲取資訊，教孩子不偏聽不偏信。

二、消費前做功課

了解商品的功能、品質、價格和評價，做出明智決策。

三、理性思辨

幫助孩子區分廣告與真實資訊，避免情感或誇大影響。

四、家長引導

引導孩子辨別資訊可信度，分享經驗，教他們理性消費。

上述的三種理財風險就像是三隻潛伏在金融森林裡的可怕怪獸，通膨怪獸是「吞噬者」；負債怪獸是「自噬者」；而資訊消費怪獸則是「迷惑者」。隨時準備襲擊不小心掉入它們陷阱的人。父母必須教會孩子躲開這三種怪獸的干擾襲擊，才能確保理財的順利與成功！

同樣建議的是，為了幫助孩子識破這三隻怪獸的詭計，父母可以運用寓教於樂的方法，讓孩子在故事和遊戲中學會辨識風險。例如，通膨怪獸「吞噬者」會偷偷吃掉錢的價值，教孩子明白：把錢只是放在抽屜裡，過了一年後可能買不到原本能買的東西，因此要他們嘗試尋找能讓錢保值的方法，例如定期儲蓄或選擇穩健的投資。

至於負債怪獸「自噬者」，會讓人越借越多，最後連自己的未來都被吞掉。父母可舉出信用卡利息的例子，讓孩子了解借錢若不謹慎，將會背上長期的負擔。而資訊消費怪獸「迷惑者」則擅長用廣告和社群的包裝來迷惑判斷力，持續引導孩子學會思考：「這真的是我需要的嗎？還是只是被外表吸引？」

爸媽們一定同意，唯有從小建立起風險意識，孩子長大後才能在金融森林裡走得穩健而安全，真正成為聰明的理財冒險家。

利與本的陷阱：父親教我的理財課

以上這些風險都抵不過來自內心的貪念風險，這一貪念或形成金錢教育失敗的最大陷阱。

若干年前，台灣充斥著投機風險，除了股票、六合彩之外，還有些打著高利償還名號的吸金活動。最知名的一次「投資活動」也吸引了社會名流、知名人士投入其中。

人性驅利，那時候父親許多的軍中同袍也趨之若鶩參與其中，更敦促父親一同加入，多少替自己有限的薪資增加收入。

在社會氛圍和同儕慫恿下，許多觀望的人陸續跟進，尤其看著同事豐厚的利息進帳，很難不動心。然而，父親始終不為所動。當有人好奇地問他為何不一起賺利息時，父親只淡淡地回答：「你想別人的『利』，別人想你的『本』。」這句話成為父親對我們子女的最大忠告。果然，這場轟動的事件最終因入不敷出、無法支付高額利息而崩潰，釀成哀鴻遍野的重大社會災難。

多少人為了貪圖一點微利，卻賠上了老本。父母要自我警惕並教育孩子：

> "凡是以厚利宣導的投資項目，都可能藏有陷阱，需要考量求證再三。"

別以為這是成年人世界才有的風險，孩子的世界也是如此。心性尚未成熟的孩子容易被一點「小利」引誘，尤其網路時代消費方便，手指滑動就可能掉進金錢陷阱了。因此提早設防，從觀念的導正開始，才是治本之道。例如：

一、優惠分期付款和促銷消費的陷阱：零利率分期可能吸引孩子大額消費，最終支付高額分期款，遠超實際價值。父母應引導孩子謹慎使用信用卡，乃至線上付費，務必明白分期付款的成本。

二、促銷消費如贈品和折扣的陷阱：這些都可能使孩子忽視真正的需求，花費超出預算。父母應教導他們設立消費預算，並強調購物需基於實際需要，不受促銷手段影響。

篇末叮嚀：莫忘鐵達尼

理財過程的避險如同海上航行，要謹慎避開潛藏的冰山。小小的冰山一角，常令人輕忽，而潛藏水下的巨大量體，卻讓堅如鐵達尼號也會沉沒。但如果能事前準備，預知並且規避風險，反而是輕舟已過萬重山的輕鬆自在。趨吉避凶，進而轉害為利，是理財教育絕對不可遺漏的「風險篇章」。

孩子，不控制好債務，債務就會控制你喔！

第七章

生活是教室：讓孩子愛上財經課

錢就像水一樣，無所不在。它在地下、在天空、在空氣中……它無所不在。

——小亨德里斯・馮・史密斯

（Hendrith Vanlon Smith Jr.，銀行家）

生活本身就是最好的教室

教育無處不在，理財教學更不僅限於教室內的學習。父母應善用日常生活中的各種情境，將其轉化為理財教育的契機。從家庭到社區、購物到旅行、遊戲到節日，只要有心，都能巧妙設計活動，讓孩子接觸理財知識並展開親子對話，將學習自然融入生活，孩子容易自然地愛上理財教育。

父母首要的認知是，孩子並非家庭經濟的局外人，讓他們逐漸了解家庭的金錢運作，不僅能促進全家互動與情感交流，更是孩子理財學習的重要起步。

孩子不能不知「薪」

海燕是我的國中同學，在小學任教。她說過一個故事。

小莉是她六年級的學生，常穿著潮牌衣服和名牌球鞋，看起來家境富裕。有一次，海燕在校門口遇到一位回收舊物的女士，對方問她小莉下課了沒？海燕好奇詢問，才知道這位衣著樸素、臉上寫滿辛勞的女士竟是小莉的母親。她因家中有急事，手機打不通，才親自來學校找人。

後來海燕了解到，小莉的母親非常疼愛女兒，默默承擔一切辛苦，從不讓孩子知道。而因家中環境欠佳自卑感重的小莉，為了不顯弱貧，藉與朋友攀比彌補自信的薄弱。買衣服毫不手軟，未曾體諒母親的負擔。之後，海燕與小莉耐心溝通，勸她理解家長的辛勞，學會珍惜，避免加重父母的壓力。

類似的兩代心理並不少見，**「再窮不能窮孩子」**是很多父母的觀念，他們抱著「富養子女」的觀念，不讓孩子知道賺錢的辛苦，尤其不讓孩子知道自己的薪資。總認為孩子不需要了解金錢的世界，但這絕對是錯誤的觀念。孩子和父母可不是生活在平行宇宙，彼此互不相關的。

樂樂：「我想買這雙名牌球鞋，好多同學都有！」樂樂跟著爸爸買運動鞋。

爸：「這雙鞋要三千元，我們算一下。如果爸爸每小時賺一百五十元，買這雙鞋需要工作二十個小時，差不多是兩天的工資喔。」

樂樂驚訝：「要工作這麼久啊！」

爸爸：「是啊，賺錢不容易。所以我們花錢時，要想清楚這樣的代價值不值得。你真的需要這雙鞋，還是只是想要和朋友一樣呢？」

樂樂低頭思考：「也許可以等打折的時候再買……」

某些時機可用「成本」觀念讓孩子具體理解賺錢不易，花錢必須理性與衡量。有錢都不該任性了，何況是經濟能力有限。

或許，家長是屬於高薪一族，不想讓孩子知道薪水優渥，避免他們需索無度，養成一切倚賴爸媽的心態。父母的考量可以理解。但就算不知確切薪資，孩子大概也可以感受到家裡的生活條件良好。重點還是在於如何給予孩子正確的觀念，融入成長過程，培育出正確合宜的價值觀。

逆向教育：Teach vs Learn

當我們問孩子「你知道這件東西會耗費爸媽多少的工時和薪水嗎？」這類問題時，並不是出於拒絕，也不是單純讓他們了解父母的辛苦。重點是，提問可以開啟他們的思考。

我們從小接受的教育，大多是「教」（teach），也就是由師長提供知識，我們被動接受。這種方式有助於宣導正確觀念，但容易限制自主思考。相比之下，北歐教育如芬蘭，更注重「學」（learn），強調讓孩子透過探索與自我學習找到自己的答案，而非依賴老師提供標準答案。

金錢教育也應如此。父母不妨拋出問題，引導孩子自主探索、思考、找資料並整理心得。這種方式能讓孩子學得更深刻，成效更顯著。比如：當孩子生日將臨時，爸媽可以提出這樣的問題給孩子，「你即將過生日，如果有一定的預算，你會如何選擇生日禮物呢？」

父母可以這樣引導思考：

一、預算分配：

詢問孩子如何分配生日禮物預算，選擇昂貴單品或多個實用小物？

二、價值思考：

引導孩子思考重視品質還是多樣性，幫助建立價值觀和優先順序。

三、比價研究：

鼓勵比價與查閱評價，學會在預算內做出明智選擇。

四、存錢概念：

討論若禮物價格超出預算，是否願意存錢或等待，培養金錢規劃意識。

透過生日禮物的選擇情境，孩子能實踐預算管理、價值觀建立、比價與存錢等理財技能。在決策時，就更能體會金錢背後的考量，學會理財的實用效率。這樣過生日，豈不更具教育意義？

有句話：問題對了，答案自然來。什麼意思呢？因為問對的問題，代表知道事態的大方向，若連問題都問錯方向，表示根本在狀況外，所以連問題出在哪裡都不知道。

多給孩子問題，而不是多給他們答案，就會收到事半功倍的教育效果。我舉幾個常見可以激發孩子思考的好問題：

零用錢管理：

一、你覺得每週／每月該有多少零用錢？為什麼？如何分配？

二、你會儲存零用錢還是用於即時滿足上？為什麼？

儲蓄目標：

一、有儲蓄目標時，你會如何計畫？有哪些工具可幫助更有效儲蓄？

二、儲蓄的目的為何？有沒有特別想存錢的事情？

比價和購物：

一、想買東西時，會先做什麼？會比價嗎？為什麼？

二、購物前會考慮品質、評價或價格嗎？為什麼重要？

透過這些啟發性問題，引導討論，可有效提升孩子的理財意識。

放本書：情境的安排

當然，要找對問題啟發孩子，若有場合的搭配，就更順理成章了。會教育的父母很懂得利用生活情境，營造啟蒙孩子的機會。比如我的朋友凱莉。她認為家庭的日常開支是理財教育不可避免的生活課題。可以討論包括水電費、食物開支、房租等，藉此讓她的孩子小智瞭解生活成本和家庭經濟運作的基本原則。

十歲的小智是個好奇又活潑的男孩。有一天晚上，他在書房發現了一本圖解理財書，對家庭開支產生了疑問。其實這是凱莉刻意放在書架上的，目的是引發他的興趣。

晚餐時，小智翻著書問：「媽媽，為什麼每個家庭每月要支付那麼多水電費、食物開支和房租？這些是什麼？為什麼要花這些錢？」凱莉見「誘餌計劃奏效」，抓住機會向小智講解。

她先解釋了「固定支出」，例如房租、水電費、電話費等，這些是每月必須支付的基本生活成本。接著，又說明了「變動支出」，如食物開支、娛樂、旅行和突發修理費用等，這些金額會因情況而異。透過講解，小智對家庭支出有了初步認識。更意外的是，小智還成了爸媽的小幫手，反過來提醒爸媽節省支出，管控家中開銷。

凱莉就是善用情境安排，激發孩子的好奇心，能幫助他們自幼理解家庭運作的成本結構。孩子越早意識到家庭需要平衡開支與收入，就越能學會如何管理財務。藉此還理解了固定開銷，逐漸認識到變動支出的影響。透過節約和理性消費，孩子能學到控制開銷，確保家庭財務的穩定與可持續性。

小學課本的對與錯

從疑問中啟發學習，是開啟思考的好機會。比如以下的爭議：

「房子也可以作為理財的工具，將房子或土地租給需要的人，賺取租金，或是在房價或地價偏低的時候，買進房子或土地，再趁著價格上漲的時候賣出去，賺取利潤。」

這是小學課本曾出現的一段描述，後來引起正反不同的爭論。一些抱持疑問的反方家長認為這段話好像是教育孩子炒房，偏離財務教育本意；持正面觀點者則認為，提早讓孩子理解經濟世界並非壞事。

正反都有立論，但爭議恰可提供一個思考的契機：如何從正確角度教育孩子理解房產及其背後的財務邏輯？

這裡可從三個教育角度來觀察：

一、財務角度：買房是一生的「標配」

對許多普通家庭或個人而言，買房常是人生中最昂貴的決定，但也是一生安穩的象徵。因此若將房子視為生命中的標配，從小就須讓孩子了解房產需要長期積累資金，不僅能夠讓孩子提早建立理財觀念，還能激發他們的儲蓄動機，為未來做好準備。

二、勵志角度：以房為目標，激勵努力

當前社會競爭激烈，許多年輕人面對高房價，選擇放棄購屋，甚至只等繼承父母房產。與其讓孩子長大後感到無力，不如將購房視為一個長期奮鬥的目標。這樣的設定能激發孩子的企圖心，讓他們更有方向感和責任心。

三、視野拓展：將房產與生活連結

教育孩子房產理財，不應僅停留在「買賣」的利潤層面，而是結合生活，擴大財務視野。例如，父母可以教導孩子觀察房價受哪些政策或經濟因素影響，如利率變化、城市發展規劃等，並透過對話分享，讓孩子學會用宏觀的角度看待資產增值。這就是一間實用的生活財務課堂。

另外，從實踐層面來說，教育孩子房產理財並不需要一開始就涉足實體房產，而是可以循序漸進，例如：

一、從投資入門

教孩子了解房地產相關的ETF（如REITs），以低門檻方式參與市場運作，感受資產增長的過程。

二、分享真實案例

與孩子討論房地產市場的起伏，從買房的初衷到價格變動的原因，將枯燥的經濟理論轉化為生活故事。

三、規劃儲蓄目標

與孩子一起制定每月的儲蓄計畫，並用具體的房產目標將抽象的存錢行為變得更有動力。

從凱莉的施教方式以及小學課本的爭議中，可以參考的作法有：

一、藉由遊戲、實際案例或日常事物，教育孩子關於貨幣、預算、利息等基本金融概念。

二、透過生活的經濟行為，如買房，尋思如何正面教導孩子有關金錢與勵志的智慧與觀念，使學習過程結合長期目標。

三、保持開放、坦誠的親子對話環境。掌握生活場域，建立和孩子有效的金融對話，鼓勵他們提出問題、分享觀點，並學會傾聽。同時，以正向和支持性的態度回應孩子的金融疑問，自然地引領他們愛上財經課，對金融議題保持興趣，並建立積極的金錢價值觀。

孩好，爸媽這樣做！

帶著孩子做播客

生活中可以讓父母利用的理財教室無所不在，甚至可以帶著孩子一起參與。比如播客就是很好的例子。

播客（podcast）是現代非常流行的自媒體型式，美國大概從二〇〇五年開始勃興，至今已有超過七十萬個播客節目。台灣則是新冠疫情期間開始風行，未來仍是方興未艾。在一般人多能負擔起錄音設備、軟體的條件下，更助長了更多人的投入。

我認識一些家長，除了自己的節目外，還帶著孩子一起製作、甚或直接讓孩子經營自己的節目。至於主題素材則是五花八門，有個人學習、學校活動、家庭趣事等非常多元。比如，有個年輕爸爸凱文就為了幼子的英文學習，開設了一個英文學習節目，帶著孩子一起學英文。

還有好朋友雨德，他除了本身主持播客節目外，也帶著孩子一起經營另一個節目，開場音樂用的是就讀小學的女兒的鋼琴彈奏，節目腳本是女兒自行創作的故事，連節目的封面圖畫也是出自女兒之筆。

製播過程中，為孩子帶來許多無形的好處：

一、表達提升：培養口語能力，用合適語調吸引聽眾。

二、研究準備：製作播客，鍛煉資料搜集與自主學習能力。

三、思維解決：討論主題，促進獨立思考與問題解決能力。

四、團隊合作：與他人協作節目，學習合作技巧。

五、自信提升：錄製節目增強自信，感受成果被認可的成就感。

再從理財角度來說，也是很好的實務教育。想像一下，若是這樣的親子合作節目經營有成，不僅是在分享故事和歡笑，更可讓孩子從播客的獲利方式中學習生活中的商業課題。包括：廣告和贊助、會員制度、產品銷售、捐贈和贊助、活動和演出、聲音品牌合作等多種營收來源。

透過節目的經營以及可能的營收來源，不僅帶著孩子認識當前盛行的線上經濟模式，讓孩子跟上時代新知，更彷彿親子一起「創業」，在理財教育之外，儲蓄了更多美好經驗與回憶了。

篇末叮嚀：開啟「自學模式」

將理財教育融入生活讓孩子容易耳濡目染，成為潛移默化的觀念，孩子不僅吸收更加輕鬆方便，甚至可以啟動「自學」，減輕父母的教育壓力。因為有了基礎的孩子會觸類旁通，舉一反三，在日常生活中印證或目睹各種財務的實際體現，知識的累積會更有效率。例如，鼓勵孩子參與家庭旅行的預算規劃，讓孩子協助比較機票、住宿價格，並擬定開銷清單，使其了解如何平衡花費與需求。因此，融入生活的金錢教育，彷彿開啟了孩子自我成長的自學模式，從而賦予他們打開財富智慧之門的鑰匙與智慧！

第八章

「五金」行的理財啟示：水面波光粼粼、生活處處金光

生活本身就是最精彩的童話。

——安徒生（Hans Christian Andersen，童話大師）

你知道嗎？孩子的第一堂財商課，可能就在你家巷口的某間小店！

這一章要繼續延續上一章的主題，以實際案例說明，相較厚重生硬的理財教科書，充滿生活氣息的店家，或許更能讓孩子從小就理解金錢的意義與價值喔！

想像一下，當孩子踮著腳尖站在小雜貨店櫃檯前，認真數著手中的銅板、或是睜大眼睛看著大人們交易時的互動神情——這些看似平凡的日常場景，正在他們的小腦袋裡種下財商思維的種子。每一次的買賣，都是一堂最自然的經濟課；每一句和老闆的對話、商品的接觸，傳遞的是經營的邏輯與智慧；而每一個價格標籤背後，無不藏著值得思索的商業思維。

這些生活裡的財商教育，不需要刻意安排，更不用等到孩子長大。從他們開始對金錢產生好奇的那一刻起，我們身邊隨處可見的小店，就已經是最好的老師。它們用最真實的方式，教會孩子們那些課本上學不到，卻終身受用的金錢智慧。

比方，以下這五間看似平常，其實卻藏著生活經濟學的金觀念的「五金行」業。

因為它們正悄悄構成了孩子最初接觸經濟活動的舞台。走進看似再平凡不過的尋常店裡，孩子會開始知道什麼是「用錢換物」、什麼是「選擇的代價」。這些體驗，既是消費的過程，更是理財觀念的啟蒙。孩子在生活中觀察、詢問、模仿，也在潛移默化中學會衡量價值、認識價格、理解金錢流動的意義。

與其等孩子長大後才倉促補課，不如從現在開始，用日常街角店面的經驗，當作一堂堂活的財商課。因為真正深刻的理財教育，從來不是從理論開始，而是從生活出發。現在就讓我們帶著孩子走進這些店家，從掏出零用錢的那一刻起，這些場域就是最貼近孩子生活、也最容易引發他們思考的「理財教室」。

彩券行教什麼？

台灣街頭巷尾有不少的彩券行。你對彩券行的認知是什麼？公益？中獎？它又可以教給孩子什麼啟示呢？

我讀過一本書，其中談到一個美國故事。

美國有一位拾荒者工作的地點是在賭馬票的地方。每天的日常就是撿拾各種垃圾，當然包括絡繹不絕的客人在沒中獎時丟棄的各種馬票。這位拾荒老人撿拾收集許多的馬票，但是卻沒有立即丟棄，反而是回去重新對獎。這一對號，有趣的結果出現了。原來其實不少的馬票是中了小獎，且張數並不少，拾荒老人將中獎的馬票換得了彩金，每年約可賺得五萬美金。約合台幣約一百五十萬元。

這是真實的美國新聞，寓意深遠。一方面說的是中獎人的粗心，但最深的意涵是：這位拾荒老人的細心、不放棄。而且最關鍵的是：他並沒有因此不工作，而是依然辛勞的拾荒，但這些彩金像是老天給他的額外報酬，他在「必然」的工作中，有了「偶然」的美好回饋。

再說個對照故事：

有個親戚一生都投資股票。年輕時向許多銀行融資，下注玩股票，曾經一天就賺了一百萬。但在某次股災後，融資斷頭，被數家銀行追繳金額。最後積欠巨債，一蹶不振。而糟糕的是，他不再繼續工作，反而沉湎於一日百萬的「高光經驗」，依然向親友借錢繼續操作股票。他總是說：「我一個漲停板就夠了，還工作什麼？」是的，他從此年華老去，可惜了大好人生。

如果，拾荒老人的故事是一般人常態工作中等待偶然的回報，那麼後者故事就是以「偶然」（漲停板）的僥倖心理，卻不再從事「必然」的工作。當然，一旦心態不對，結局就很清楚了。

我告訴小外甥，同樣地，爸媽們也可藉此故事啟示孩子的理財思考是：那個拾荒老人每年五萬美金的好運，是因為沒有放棄勤勤懇懇工作的額外「加薪」。若只想中個樂透人生改運，那是守株待兔，可遇不可求。因此理財的重點是「偶然」的機運，還是得在「必然」的常態工作下，才能等待老天的大獎。

雜貨店教什麼？

在挾著雄厚資本的財團廣設滿足現代人各種生活必需品的超商後，雜貨店的身影日漸從我們的眼前退去消逝。但僅存的雜貨店依然保有傳統的買賣況味。

當我們進入一家燈光明亮、宣銷海報看板林立、以及產品陳列經過心理安排的超商，很可能會促使人們隨機選購、更傾向於衝動消費。

然而在傳統雜貨店中，沒有高光的明亮環境以及張貼誘人的行銷海報，貨品也只是整齊排列而已。入內後，往往需要花費時間逐項挑選商品，甚至在不起眼的陰暗角落才找到需求的商品。但是，無需面對眼花撩亂的同類商品時，顧客或許會較容易理性消費。

尤其是，傳統雜貨店顧客多是左鄰右舍，主客之間早已熟悉，相處更具人情味，甚至會通融「先買後付」的賒帳方式。這在現代化超商是不可能出現的情況。當然，並不是鼓勵賒帳，而是當主婦或許一時拮据，但卻需要採買家用時，傳統雜貨店提供了周轉應急的可能。從理財上來說，這是通融的管道。而在人情淳樸的民風中，賒帳者也會言而有信按時歸還，使得這一互動反而是謹慎並意識到自己的財務狀況，也提醒要注意償還負債的責任，以免陷入財務困境。形成了社區間的信用借貸。這些都是理財中的重要課題。

儘管傳統雜貨店式微了，但仍有一些獨特的特色，其中之一是提供了理財教育的重要啟示。其中最重要，也值得教育孩子的是，日常生活中的消費、儲蓄和預算的相互性，尤其是信用的建立，無論他們是孩子還是成年以後。

均一價商店教什麼？

從三十九元、六十九元均一價商店，或是十元起價的廉價商店，無論是日本來台的連鎖店，或是國人自營的小店家，總能吸引許多人入內採購，大撿「便宜貨」。特別是以學生的經濟能力來說，因為單項價格便宜，他們的零用錢可以買得起，所以常會吸引不少學生的駐足。

尤其是日本的連鎖名店憑藉著琳琅滿目的品項，以及一定比例的東洋風產品，在景氣不佳、購買力縮水的年代，往往成了精打細算消費者的必逛之地。

但就是「便宜」，所以引起了衝動購買慾，不自覺地就往購物籃子裡塞了很多臨時起意的物品。這情形很類似當我們看到「買一送一」、「滿千送百」的促銷手段，將原本無心購買或是沒打算買這麼多的本意給推翻了。不僅不自覺中就多買了、多花了錢，還催眠地告訴自己，「不貴嘛！也還好呀！」，「反正多買多用」，或是「湊巧看到先買吧！下次想起再買，不知能否遇到呢？」。這些說服自己或是同伴的說詞，不能說完全錯誤，畢竟總有隨機購買的時候。

"但是就理財的管控來說，只要超乎預算的東西，或是不需要的東西，即便再便宜，都不應該購買。"

這就是理財的紀律，才不會有失控之虞。因為人的慾望是很難把握的。

歸結來說，均一價的店面可以教育孩子：

一、分辨什麼是「需要」和「想要」的絕佳場地，不因價格一樣就狂掃用不上的貨物。

二、均一價商店還可讓孩子思索：為什麼不一樣的產品卻一樣的標價，背後的成因是什麼？這都可以是引起孩子財商思維的有趣題目。

扭蛋商店

十歲的安安喜歡扭蛋，每到假日就會吵著媽媽到西門町的扭蛋商店耗著兩三個小時，享受開蛋的樂趣。媽媽通常也沒有拒絕安安，反而會帶著他一償心願。

媽媽常常就在一旁觀看著，安安在投幣扭蛋後，有時高興的雀躍，有時不滿意就會大聲嘆氣，甚至直呼倒楣。媽媽都暫不做聲。等到玩累了，帶他去喝飲料時，才和他聊聊，聽聽安安的「心得」。

「今天玩了五六家，每一次投幣都花了這麼多零用錢，結果扭開的禮物都嘛差不多，真是浪費我的錢！」安安嘟囔地說。

「喔，那你還要再來嗎？」媽媽問。

「當然呀！或許下次來的時候會扭到好東西。」安安理直氣壯回答。

「喔！可是萬一又扭到重複的東西呢？」媽媽問。

「不會吧？哪這麼倒楣？你不是教我要樂觀期待未來嗎？」安安表現正向。

「是呀！但是總有可能無法如願呀！」媽媽笑著說。

「那就只能接受了，但至少每次來都有希望。還是有好結果的時候啊！」安安不放棄地說。

「很好，你『只能接受』這句話說對了。實際上，當你扭開蛋的那一刻，無論好壞，都是自己投錢的結果，好與壞都是投錢後的一部分。」

媽媽開始對安安講解了投資扭蛋的意義，比如：

一、期待與風險

就像扭蛋和福袋一樣，投資也充滿了期待，但同時也伴隨著風險。孩子需要明白，投資並非總是能夠帶來預期的結果，而是需要準備接受可能的失望。

二、學習與成長

每一次投資的結果都是一次學習的機會。無論是驚喜還是失望，都可以幫助孩子更好地理解金融市場和投資策略。

三、風險管理

通過這樣的比喻，可以引導孩子學會如何管理風險。就像投資者可以控制投資金額和選擇投資對象一樣，孩子也應該學會在生活中做出明智的金融決策。

四、耐心與長期規劃

扭蛋和福袋的結果並不是立即可見的，而是需要耐心等待。這也提醒孩子，投資是一個長期的過程，需要有長遠的規劃和耐心。

孩好，爸媽這樣教！
理財，有驚也有喜！

安安的媽媽之所以帶著他逛扭蛋店，不僅是為了逛街休閒，而是有意善加利用扭蛋商店的特性，以娛樂進行機會教育，幫助安安建立起正確的理財觀念與心態，包括接受風險、學習成長、管理風險、耐心等方面的理財情商。這是非常值得肯定與效法的財商教育方式。

的確，扭蛋和福袋一樣，每一次的投幣與購買，都換來了一個期待的機會。可能驚喜、可能失望，但要學習接受投資的結果。這是理財的重要心態。對教育孩子來說：可以幫助孩子理解投資的本質和風險。就如媽媽告訴安安：投資不僅僅是關於獲利，也包括了接受可能的失望和風險，還有其他的學習。而這些都是教育孩子金融理財課題的重要內容。

早餐店：銅板價的「魅力教學」

因為工作關係，我往往得起一大早、或是一大早才出錄音間，又喜歡看報紙，於是四處林立的三明治早餐店就成了我第一餐的消費地。

新冠疫情前，有好幾年的時間我固定吃一家早餐店。這位老闆娘有點個性，講話率直，但非常勤懇，除了除夕以外，全年無休。特別的是，她賣的三明治價格僅有十元。而其他比鄰的早餐店早已賣到二十元以上了。

這基本款的三明治有肉鬆的，有火腿肉片的，然後固定的基本配料是小黃瓜絲。因為她店內有多份報紙，所以我好幾年的時間固定在此消費。類似的家庭早餐店非常競爭，因為家數實在太多。但在物價飆升下，各家都紛紛漲價了。唯獨她的基本款三明治始終均一價十元。

她每天很早開店，午後一點就拉下鐵門打烊。三明治一定悉數賣光。

我一直觀察，相較對面同業的客人稀稀落落，這家小店的收益非常穩定，來客數明顯高出許多。而對面同業的三明治，同樣基本款也是二十元起價了。

有一回，外甥女來我家住，我就帶她來此，體會台北的庶民早餐。對孩子來說，可能以為我會帶她去麥當勞，但來傳統早餐店卻有意思多了。

我問外甥女：「好吃嗎？」我幫她點了三明治、蛋餅、大杯的奶茶。

她說：「好吃。我們那兒都吃豆漿、油條。很少吃到這些。」

她又看了看價目表，說道：「我以為台北的東西很貴，但好像還好。三明治才十塊。都比我們那兒便宜。」

我笑說：「不是，是這家特別便宜。很多早餐店也都漲價了。」

我開始向外甥女說明對面同業與這家小店的價格對照，也順便替她上了一課理財學。內容是：**銅板價的魅力**。

曾經名列世界首富的美國亞馬遜網路書店創辦人貝佐斯有一句名言：「世界上有兩種公司，一種是努力抬高價格，另一種是拚命降低價格。」前者最典型就像是精品業者，以高價吸引金字塔頂端的消費者，而後者就是以高的CP值，低價搶客。這就是當物價飆升，而經營者卻能推出「銅板價」的商品時，絕對可以吸引客人，薄利多銷。這家早餐店能屹立多年，午後一點即打烊，不須另外分租，可見其經營有方。

我告訴外甥女，從理財角度來說，她可以學習的是：

一、不起眼的銅板小錢，可以帶來省錢為目的的人流，從而匯聚成穩定的金流。

二、財務是連動的，當三明治賣得好，就會帶動其他項目的銷售。理財也是，或許，剛開始的儲蓄利息不多，但只要開始理財，就會帶動其他的機會。比如，逐漸有能力投資小額基金、或是購買零股，投資的分配就會漸趨多元。

丹麥童話大師安徒生說：「生活本身就是最精彩的童話。」這句話放在財商學習領域也同樣適用，因為每一種店都可以是財務知識的生動教材呀！

篇末叮嚀：帶著美的眼光

雜貨店傳遞的是「和氣生財」的永恆道理；均一價商店的定價策略暗藏「薄利多銷」的商業智慧；扭蛋機的隨機性教會孩子「風險與期待」的平衡；彩券行用中獎機率演示「偶然與必然」的機會法則；而早餐店的銅板價則展現「小本經營，人流匯聚」的經營智慧。從挑選一張彩券、買一瓶醬油、轉一顆扭蛋、選一份早餐的過程中，在在都是一堂閃著金錢光芒的經濟課，遠比教科書上的教條來得更生動有趣——原來人生最鮮活的理財課，就藏在巷口那排熱鬧的招牌裡。

爸媽們，街角的每間小店，都是孩子最生動的社會教室，永遠有取之不盡培養孩子財商的優質教材！藝術大師羅丹說：「**世界不缺美，而是缺乏發現美的眼光。**」同理，財商教育不缺素材，怕的是缺乏留意的眼光呀！

第九章

投資要智慧：陪孩子播下金錢種子

金錢「數字」的實際價值會倍增，是根據你在生活中掌控的幾個「W」：你做什麼、何時做、在哪裡做以及和誰一起做。

——提摩西・費里斯（Tim Ferriss，美國企業家、作家）

籃球式理財教育

我的朋友綺虹，教孩子理財很有一套。

一天，綺虹帶著孩子們去大賣場。孩子們興奮地四處跑動，被各種五顏六色的水果和蔬菜吸引。綺虹召喚他們，然後說：「今天，我們要玩一個挑選食材的遊戲，但我們的目標不是挑得越多越好，而是在『有限時間』內挑選出我們真正需要的東西。」

孩子們露出好奇表情，綺虹接著解釋：「這個遊戲是關於效率和效能的區別。效能是指做事情快不快，而效率是指做對的事情。所以，不僅要在有限時間裡做得快，更要做得對。」

接著，她給孩子們一個清單，上面列出了今天需要購買的蔬果，並拿出計時器。計時一開始，孩子們便興奮地開始挑選，但在挑選前都仔細查看了清單，確保知道真正需要的是什麼。

孩子們抱著又競爭又遊戲的心態，在限定時間內挑選出了所有的品項，沒有浪費時間在不必要的東西上。

綺虹欣慰地對孩子們說：「看，效率就是這樣。在有限的時間內完成需要的事情。不僅節省時間，還確保得到真正需要的東西。」

我盛讚綺虹灌輸孩子的智慧與觀念。她彷彿化身籃球教練，必須在有限比賽時間，最有效率地將球投入籃框，減少虛擲。理財道理如出一轍。

「效率」是指做對的事情，「效能」則是將事情做的快。就如一台火車開動了，無論跑得多快，如果方向錯了，也到達不了目的地。

"跑得快不如跑得對。"

理財正是如此。找對方向和工具，需要智慧的判斷。

孩好，爸媽這樣做！

查理·蒙格的財富箴言

美華是我的好朋友，結婚後與先生努力工作，特別重視教育孩子理財。她告訴孩子，零用錢可以花，但若省下來，就能為未來儲備更多購物預算。孩子很聽話，從小就將剩餘零用錢與紅包存進撲滿。升上中學後，美華為孩子開了銀行存摺，告訴他們存錢會有利息，等於銀行幫忙一起充實財庫喔。存銀行生利息的確是很好的理財教育，但美華其實可以有更佳的做法。

一次我訪問一位知名理財作家，她上節目時貼心地帶了杯珍珠奶茶請我。

我開玩笑地說：「如果將珍珠奶茶改為餽贈五股的銀行零股，多好！」

作家笑說：「銀行股都沒什麼起伏啊？」

我說：「是呀！但奶茶一下子就喝完了，如果是存股，就算少卻希望無窮了呀！」

有一陣子流行說，一天省下一杯咖啡，若干年後可存下可觀的金額。對孩子則可說：「每天省下一包零食的錢，不僅更健康，還讓撲滿一天比一天飽滿喔！」銀行股存股的概念與此相似，但不同之處在於，存股票或投資的小錢可透過複利效應，日積月累下滾出更多財富。這不只是存撲滿，而是懂得錢滾錢，撒下會成長的種子！

巴菲特亦師亦友、充滿睿智的事業夥伴，以九十九歲高齡於二〇二三年底過世的查理・蒙格（Charlie Munger）曾說：「如果你買的股票每年複利十五%，持續三十年，而你最後一次性賣掉的時候交三十五%的稅，那你的年回報還有十三點三%。反之，對於同一支股票，如果你每年都賣一次交一次稅，那年回報就只有九點七五%，這個三點五%差距放大到三十年，是會讓人大開眼界的。」

換算一下：三十年後前者的回報是四十二點三五倍，後者只有十六點三倍，相差二十六點零五倍。

蒙格是商業投資界的智者，這段話有三個重點：

一、複利對於累積財富的威力

二、投資工具的選擇；

三、長時間的堅持

即使蒙格說的「美國式」複利率遠高於台灣，但是致富之道依然相通。父母只要帶領孩子貫徹這三項精神，一定可以見證財富的成果。這也是奶茶換零股的用意。尤其從子女成長期開始扎根，時間是他們最大的優勢，無論孩子是童年或青少年，三十年後也還處於青壯階段，迎接他們的就會是富饒人生。

蒙格特別說過：「**投資是一件長期的事，如果你想長期投資，你就得承受得住五十%的跌幅而面不改色。**」

爸媽可能會說：「有道理啊，但是我們市井小民的錢如此有限，多少人能禁得起腰斬的投資結果卻面不改色呢？」

是啊，多少成年人能在「股價崩於前」時保持不動如山呢？而孩子卻有可能。這倒不是因為孩子有如此修為，而是因為課業為主的他們無暇時刻關注漲跌，加上練習投資的金額不多，重在訓練理財技能，因此不會頻繁短進短出，反而能實現蒙格提倡的「長期」效果。經過長時間後，孩子或許能親身見證長期投資的巨大潛力。可見，父母的遠見智慧及早教育孩子理財是多麼重要。

理財智慧的三大方向

我長年的心得是，理財教育的智慧與遠見應該有三個大方向：

【方向一】多元比單一重要，學會分流與匯流

金錢如水流，一定有流向與流量。了解流動的方向，與奔向的流量，才能掌握財務的應用。

每個人都會說：「不要將雞蛋放在同一個籃子。」因為這是為了規避風險。的確，這句話說的是錢需要分流，因為日常生活中有不同的需求與目的。

蛋蛋投資套餐

要將複雜的財務理論教導給孩子是非常不容易的。有一回，小學同學偉誠就和我聊起來，他很想教導孩子金錢的分配與投資，但不知如何教起。我建議他不妨這麼分享孩子。

大家都說不要將雞蛋放在同一個籃子。是的，但除了考慮籃子以外，應該先追本溯源考慮雞蛋。雞蛋指的是資金，資金的分類有不同的屬性，進而導致不同的期待。我將之分成三種蛋：

第一種是鐵蛋：堅固耐摔，甚至牢不可破，這是指保命的本錢，或緊急時候動用的基金。必須擁有最大安全係數。儘管收益甚微。

第二種是扭蛋：這項目的金額，是當無論扭出來的內容物是失望或是驚喜的彩蛋，都是投資的結果，賺到是幸運，虧損就要認命。這一財源較可容許高風險性的投資。

第三種是金蛋：這一財源是要投資的商品本質佳，如同金子。金價雖然有高有低，但本質良好基本體質佳。跌了的時候，放著也不會血本無歸。甚至有豐收的一天。

再想想這三種蛋，就算遇到金融風暴股市崩盤，但鐵蛋是保本受影響甚微的蛋種。就算另兩種不如人意，只要有了鐵蛋，就值得慶幸不致出現血本無歸「蛋蛋的憂傷」了。

偉誠就用我的「理財蛋蛋套餐」教會了孩子「投資金」的差異性，有了本錢的不同屬性，就能更理性地進行投資分配。而不致因投資不如預期，重挫生活品質。

審慎並明辨金錢的使用流向，是金錢教育的功課。蛋蛋套餐的重點是：金錢的分流是理財基本觀念，就如同農夫在不同土地上種植不同的作物，若一塊土地受天災影響收成，其他園地的播種或許還能保持收穫。

同樣地，當把金錢投資在不同的地方，就是在分散風險，降低金融損失的可能性。舉例來說，如果將錢放在定存（儲蓄帳戶）和活存（投資基金）兩個不同的「地方」，即便其中一個面臨變數，另一個仍可能繼續成長。試著這樣教孩子，定存與活存就是教育孩子很好的基礎觀念，讓他們體會金流方向。

定存

我將其另解為「**一定要存**」。雖然定存利息低，看似保守，但對孩子的儲蓄教育，是鼓勵他們理解金錢的安定力量，是財務的重要基礎。定存，因存款約定時間原則上不得輕易動支，可藉此訓練子女耐心。

活存

我的另解是「**活用前，要先存**」。也就是先預存下一筆機動性質的資金，以備機會來臨時把握動用。為什麼要教育孩子活存的觀念呢？因為金錢本來就是如水一般，是活的、流動的，不是呆板停滯的，活存可以方便動支。活存帳戶可以用來教導孩子如何管理流動資金、制定預算，培養良好的理財習慣。

定存與活存正好教育孩子，靜與動、穩健與靈活的兩個理財方向。透過定存，孩子學會穩健與持久的理財觀念；透過活存，則培養靈活應變的技能。兩者兼顧，既讓孩子懂得儲蓄，還能靈活應對生活的變動。

如同農夫輪作作物，根據季節與土地調整策略。財務規劃亦然，依目標和需求分配資金，才能實現穩定增值。

再回到投資重點：要放多少籃子才算多元呢？

蒙格的觀念不妨參考。他認為資產配置上過度分散沒有好處。他主張能找到四個絕佳的投資機會就很幸運了。蒙格還說，若夠精明，能精選出三檔股票，每一檔都可以讓家族財富永續傳承，那持有這三檔股票就足夠了。

確實，貪多嚼不爛，精深比博大重要！當去蕪存菁選好投資標的之後，就是好好陪著成長並期待來日收成了。

【方向二】長期比短期重要，選取穩健的理財工具

涉及子女的理財投資工具，首要原則一定是以穩健、長期獲利為主，而不是短期的成效。

> 理財成功的關鍵是：懂得借力使力，正是「方向比努力更重要」，投資工具的選擇就是選擇不同的方向。

幾種獲得專家認可的投資工具，諸如：

一、穩定利率的儲蓄

如定期存款或儲蓄證券等工具，提供穩定收益且風險較低的選擇。

二、定期定額基金

由專業基金經理管理，有助分散風險並實現長期增值。特別是指數基金（如標普５００ＥＴＦ），能追蹤市場整體表現，適合穩健投資。

三、績優股票

選擇穩定配息、潛力佳的公司股票，並持續將派息再投資，即使是零股，也能逐漸累積財富。

四、債券基金

投資於各類債券，具有風險低、收益穩定的特點，適合追求穩健回報的投資者。

五、兒童保險

市場上有為孩子提供的保險計劃商品，通常包括儲蓄和投資組合，以及保障孩子未來的財務安全。

上述工具都可作為穩健的投資方式，有助於教育孩子培養理財意識，並實現長期財務目標。

【方向三】情商比財商重要，理性與控管情緒

兒童理財教育中經常只是偏重財務面的技能與知識的培養，這僅屬「財商」的層面，但實際上，真正要讓孩子學會的是穩健踏實的心態。比如理性的面對金錢、甚至是市場的風雲變化，要做到理性、情緒的控管，「**情商**」就更重要了。

一位任教大學的同事非常注重孩子的金錢教育。她的名言是：

"富一代，是教育出來的。"

我非常同意這句話。她為了培養孩子理財，從國小就報名參加「投資理財比賽」。她的訴求是：如果有好表現，表示學到信心；如果表現不好，至少學到經驗。

同事甚至更期望孩子先學到後者。因為一生中的投資理財過程，絕對會有形形色色的挑戰與無數的失敗。借境練心，是最好的機會教育。

有一次同事便和孩子檢討比賽失利的原因。她發現，孩子參加理財比賽，投資策略偏向短期高風險，未考慮長期穩健投資，於是在選擇投資組合時有了偏差。而且本來賽程設計在時間上還可以重新調整選擇標的之內容，但孩子因為看到其他對手已經答題完畢，他心裡慌張按錯了買賣鍵，所以導致最終失敗。我的同事便從以下三點檢討起，期望給予孩子成長的契機：

一、投資策略的合理性

同事強調理性分析和長期穩健投資的重要性。她與孩子討論了選擇投資組合時應該考慮的因素，如風險承受能力和投資目標。

二、情緒控制的重要性

同事分享了自己在壓力下保持冷靜的經驗，並教導孩子如何應對壓力和焦慮，保持冷靜和理性。

三、時間管理和自信心

同事與孩子討論了時間管理的重要性，並鼓勵孩子要相信自己的能力。

透過檢討，同事幫助孩子學習理性分析和情緒控制的重要課程。

“投資市場反映的不是真理，而是心理。”

所以，如何塑造好的情商才是最難的一課。那該怎麼教育孩子呢？我的答案是：「以智慧方法解決，不要用情緒解決！」再一次分享巴菲特的名言：

“對投資人而言，最重要的特質是好脾氣，而不是聰明。”

這真是一句值得爸媽咀嚼的智慧教育箴言！

篇末叮嚀：抬頭與埋首

理財是一種理性作為，更是平衡的智慧。叮嚀孩子，「要同時兼顧抬頭與埋首」。抬頭是讓我們看準方向，方向對了，接著才是積極埋首努力。想像一下，理財是進入一座迷宮，光摸著石頭也很難過河，還是要先掌握正確的大方向。因為正確的方向就像是指引者手中的燈塔，照亮前方的道路，幫助我們避開錯誤的路徑。一旦選定了前行方向，接著就是全心埋頭努力，朝著財富目標勇往直前了！

哇，這期頭彩獎
累積一億元
唉，別說中獎了，
這麼多錢連看都
沒看過呢
爸，怎不抬頭
看看呢？
喔，抬頭可以看到
一億元嗎？
公益彩券行
本期彩金上看一億元

致富，不是投資彩券，而是投資自己！

結語

它們，讓金錢更美好

幸福不僅僅在於擁有金錢；它在於成就的喜悅，在於創造性努力的興奮。

——富蘭克林・羅斯福

（Franklin Delano Roosevelt，美國前總統）

總統與父親

小時候常聽爸爸說一個故事。他年輕時服務於國軍康樂大隊，有段時間猶記得是每週四吧，都會到前總統經國先生家中放電影。

經國先生非常親切，對於工作人員的辛勞都不忘慰問。有一次，電影放映完後，經國先生體恤地留大家簡單用餐。席間，經國先生拿出了一個紅包要犒賞工作人員。但從隊長以降，都認為是工作的本分，所以謙辭不收。

父親說，這紅包就在桌上推來推去，轉了一圈後，當時非常年輕的父親竟收了下來。這時候團隊的隊長臉色大變，其他同事也面面相覷。

可以想像，儘管當時一樣非常年輕的經國先生不是總統，但也是「太子」，誰敢收受犒賞呢？據說，隊長還在桌下踢了踢父親的腳，示意不可收。但我父親竟然就這麼收下了。而且狀若無事地吃完了「恭謹又緊張」的一餐。

餐畢，經國先生送工作人員到門口正要道別時，只見我的父親從口袋掏出紅包，一個轉身送給了經國先生家中的「管家」（或如此稱呼吧），謝謝他的平日辛勞。

這一舉動讓放映團隊的人非常驚訝，但也放下了心，終於還是沒收下犒賞。而經國先生也微笑同意管家收下了。

小時候聽父親說這段真實故事，只景仰當時年輕的父親就如此懂得人情世故，一方面不違逆長官的好意，再者，也不讓同僚尷尬，尤其更慰勞了管家的辛苦。圓熟的做事方式，確實思慮周到。

及長之後，父親離世，每每回想這故事，其實蘊藏理財教育很重要的精神啟示。那就是：

短暫持有

人生的錢財都只是經手過路，暫時擁有。就像我父親擁有紅包的那幾十分鐘，但這短短時間裡，父親想的是如何將它還回去，而且以什麼方式歸還。

轉手分享

睿智的父親最終想到的是以「分享」的方式，回到了贈送者身邊的人。這就是處理金錢的崇高意義。

人人受惠

經國先生想要犒賞的心意得償所願，管家的辛勞也有了意外的回饋，而團隊的人員也感受到長官的賞識與慰勞。可見，成功的金錢管理，不是自己獨享成果，而是讓更多人開心受惠。

如果金錢是位教育家

成功的理財教育訴求即是如此。固然要教會孩子累積財富，裨益構築穩定人生，但一切追求累積財富的技能與知識，只不過是「理財的素養」，而家長要真正給予孩子的課業是：一旦有了財富之後必須具備的「富裕的學養」。

如果金錢是位教育家，我認為應該要透過這位人人都追捧的名師教懂孩子，在生活上，金錢可以讓自己以及他人的生活更美好，這會需要懂得體恤、懂得分享、懂得人人為我，我為人人。這一切因為金錢帶來的高貴情操，就是給予孩子受用不盡的富裕學養。

從財富學養的角度，提出三點叮嚀與爸媽們分享，這是我長期關注理財教育所體會的三大對照觀念，釐清的越分明，越會提升理財教育的層次：

一、安貧樂道與富而好禮

傳統的觀念教育我們要安貧樂道。是的，如果我們努力過了，結果不盡理想，財富成就有限，我們不能因為「貧」就有非份不當的舉止，還是要保有內心的穩定、喜樂。但是，財富是可以透過積極有為，有所成果的。太過保守消極，只會限制了想像與機會。我們可以鼓勵期許孩子，積極理財是讓他們做到富而好禮。並不會因為富有了就扭曲性格，睥睨他人。

二、心境與環境

財務的成果會造就優渥的環境，讓物資充沛，生活品質更好。但這些用錢堆砌的物質環境，並不等於幸福與快樂。環境也會對金錢觀念產生深遠的影響，過度追求財富可能使人在競爭激烈的社會中感到焦慮和壓力。

因此，環境固然會提升心境，但反之，必須告知孩子，心境也會影響環境。若是有更多的感恩、惜福，一樣會提升對環境的滿足感。這兩部分在追求富饒的過程中，是缺一不可，互為表裡的，應該保持平衡。

莫忘金錢教育，除了強調獲得財富的重要性，更應該注重個人心境的培養，以及與環境的互動，使孩子們能夠在追求財富的同時，保持平衡、擁有豐富的人生價值。

三、競爭與合作

金錢教育也應著重在合作觀念的培養上。傳統觀念中，追求財富往往被視為一種競爭，人們可能陷入相互競爭、比較的困境。如果財富的追求讓孩子開始喜歡攀比，從小就開始「競爭」，那麼進入職場也會「鬥爭」，最不堪的就是變成了「戰爭」。各種的爭，都是觀念出了問題。

因此，真正重要的是要教育孩子們理解合作的價值，明白金錢不僅是個人的追求，更是社會共同進步的動力。

早有研究顯示，合作比競爭更能達到效果。透過合作，能夠共同創造價值，實現共贏的局面。金錢的流通和財富的增長往往需要多方的參與和協作。因此，金錢教育應該鼓勵孩子們培養合作精神，學會與他人共同成長、分享成功。

同時，教育應該提醒孩子們在競爭中保持良好的態度，不僅僅是為了追逐個人利益，更要尊重他人的努力和價值。這有助於建立一個更加公平和和諧的社會環境，使金錢的追求與社會貢獻相結合，達到更高層次的價值。

五動財富力

從長年的經驗與觀摩中，以及長年浸淫理財教育的心得，我總結了一個理財的目標名詞，那就是「五動財富力」，其內涵歸結了成功理財的過程與面向：

一、理財要主動

教育孩子理財的態度要積極，否則就是「人不理財，財不理你」了。被動等待財富增長，不如主動掌握金錢流向。從小就該讓孩子理解「收入≠可花光」，而是在學會分配儲蓄、投資與消費中，掌握主動出擊的學習成果。例如：可教育孩子零用錢可分成三份（五十%儲蓄、三十%必要開支、二十%自由運用），並鼓勵他們記錄每筆花費。家長更要帶頭示範，例如公開討論家庭預算、比較銀行利率，甚至讓孩子參與簡單投資決策（如選定投基金）。因為理財的主動性，決定了未來是「被金錢支配」還是「支配金錢」的關鍵差異。

二、收入要被動

人受限年齡體力，不可能一直工作。所以巴菲特說過：

> **“如果無法在睡覺時也賺錢，就會工作到死。”**

簡單說，一定要創造出「睡覺時依舊有收入」的項目。這就是所謂的被動收入。

巴菲特的話點出被動收入的關鍵，安全的財務必須建立「即使不主動工作，現金流仍持續進來」的來源。常見的被動收入來源包括：租金收入、股利/債息、版稅、自營網路事業等。重點在於：前期投入時間或資金建立「收入體系」，後續只需少量維護就能持續獲利。例如：投資高殖利率股票組合，每月自動產生現金流；或寫一本暢銷書，持續獲得版稅。與主動收入不同，被動收入的威力在於「複利效應」。隨著時間累積，收入會像滾雪球般增長。要實現財務自由，就不能只依靠固定薪資，而是必須及早規劃並打造多元的被動收入管道。

三、項目要連動

每次的投資過程，每種投資工具都不是孤立的，彼此都關係著收益，尤其項目的連動會造成一榮俱榮，一枯俱枯。

真正的理財成功，須避免「孤島效應」。原因就是在投資的世界裡，沒有任何一個項目是獨立存在的孤島。真正有價值的投資組合，就像一個精密運轉的生態系統，每個環節都相互影響、彼此牽動。這種連動性既可能成為你的助力，也可能變成致命弱點——關鍵在於能否掌握其中脈動，讓各項投資產生正向循環。

投資人常犯的錯誤，就是將資金分散投入看似多元、實則毫無關聯的標的。表面上做到了風險分散，實際上卻像是一盤散沙，無法形成合力。相反地，比如當深入理解產業鏈上下游關係、全球資金流向、甚至是地緣政治對不同資產的影響時，就能建構出更具韌性的投資網絡。就像關注ＡＩ產業，別只買ＡＩ晶片公司，還應連結雲端運算、資料中心散熱、甚至相關安全軟體與法規顧問公司，才是真正參與整個價值鏈的聰明做法，因此必須建構完整的投資視角，避免「押寶式」風險。

連動思維的最高效運作，是讓投資組合像一個有機體般自我調節。當某個環節受到衝擊時，其他相關部位會自動產生緩衝作用；當某個領域開始蓬勃發展時，相關投資也會順勢而起。要達到這樣的效益，需要培養對經濟脈動的敏銳嗅覺，以及對產業關聯性的深刻理解。記住，真正的投資智慧不在於追求單一項目的暴利，而在於打造一個能夠自我平衡、持續進化的財富生態系統。

四、利息要滾動

任何投資有了利息，不是變成呆錢，而是要設法再度投入，尋求利滾利的機會，才能有複利效益。如此方可印驗愛因斯坦的名言：「複利是世界第八大奇蹟。」

"投資的忌諱之一是產生的利息躺在帳戶成為呆錢，而是應該讓它持續運轉，創造「錢滾錢」的活力循環。"

就像種下一棵果樹，收穫的果實不該只滿足一時口腹之慾，更要留下種子培育新的果園。這種「利滾利」的魔力，正如有句名言說：「複利是最偉大的數學發現之一，它能將小錢培育成參天大樹。」

本金規模、報酬率和時間長度，是理解複利關鍵的三個要素；需要克服的心理盲點則是，利息的累積在於前期看似緩慢，但一旦突破「關鍵轉折點」，**就會出現「一點突破，全面開花」的爆炸性增長。**財富增長速度會非常驚人。

巴菲特曾說「沒有人願意慢慢變得富有」，所以總是做不到耐心地累積。但可喜的是，現代投資工具讓利滾利變得自然簡便，像是基金配息再投資、股票股利再投資等功能，都能幫助投資者克服人性中「落袋為安」的衝動。**教懂孩子，讓利息持續滾動並非有錢不用，**而是為未來創造更富裕的財務空間。

五、本錢要少動

本錢是安身立命的本，必要時是因應緊急狀況之用，要儘量保有，減少挪用。當你懂得少用本錢，就會激發思考如何用其他的財源來實現理財目標。這也呼應很多專家提到，要懂得用其他來源的錢來投資，而不是只掏自己的腰包。後者畢竟較少，且多半是自己的保命錢。

聰明的投資者得理解，本錢如同理財航程中的壓艙石，是抵禦市場風浪的安心保障。許多財富故事背後，都藏著一個共同智慧，那就是真正的理財高手從不過度消耗自己的本金，而是擅長搭建「財富槓桿」，讓外部資源**成為積累財富的助力。**

這種「保本創利」的思維，是財務運作的高明藝術。先透過守住財務根基，確保任何時候都有應對突發危機的儲備金；再者要培養敏銳的市場嗅覺，在適當時機運用融資工具、合作夥伴資源，甚至是政策紅利來放大投資效益。當能做到「用市場的錢賺市場的錢」，你的理財就更上一層樓了。因為不再被有限的個人資金所束縛，而是能讓多元的力量為你增值效力了。

房地產投資就明顯體現「本錢要少動」的思維：投資者會保留足夠的現金儲備，同時善用銀行融資和買房者的資金來維持財務的周轉；在創業領域，成功者往往先以小本創業驗證商業模式，再吸引外部投資擴大規模。記住，理財創富的真諦不在於你有多少錢，而在於如何運用這些錢創造更大的價值。當你能讓本金保持完整的同時持續獲利，就掌握了財富增長的永續生態系了。

篇末叮嚀：心靈守富

金錢教育的目的不是要孩子成為頂級富豪，而是要他們學會擁有確保一生幸福安全的理財技能。然而，我們卻可以期許他們成為心靈守富，守護著心中最高貴的情操，做到了心靈守富，那麼每一個孩子也都會是自己人生的「心靈首富」了！

誠摯感謝您的閱讀，期盼書中的分享有助於為孩子的財商充值，並能成功地「舞動」起孩子的富裕幸福人生。

不教，不成財！
開講啦，爸媽千萬別翹課！

作　　者　商腦金姐姐
編　　輯　龐君豪
四格插畫　綿羊布萊克
視覺設計　楊國長

發 行 人　曾大福
出版發行　暖暖書屋文化事業股份有限公司
地　　址　10649臺北市大安區青田街5巷13號
電話 886-2-23916380　傳真 886-2-23911186
出版日期　2025年07月（初版一刷）
定　　價　450元

總 經 銷　聯合發行股份有限公司
地　　址　231新北市新店區寶橋路235巷6弄6號2樓
電話 02-2917-8022　傳真 02-2915-8614

印　　製　博創印藝文化事業有限公司

國家圖書館出版品預行編目資料

不教,不成財! : 開講啦,爸媽千萬別翹課! / 商腦金姐姐作. -- 初版. -- 臺北市 : 暖暖書屋文化事業股份有限公司, 2025.07
256面 ; 14.8×21公分
ISBN 978-626-7457-35-1(平裝)

1.CST: 理財 2.CST: 兒童教育

563　114005039